CB016997

# A Vida de uma Grande Garota

Coleção
Arteterapia

Coordenação: Cristina Dias Allessandrini

# A Vida de uma Grande Garota

Cristina Dias Allessandrini
Luciana Chéde
Dulce Sabbaga Chéde

**Estudo Clínico realizado por Cristina Dias Allessandrini**
Doutora em Psicologia pela USP
Diretora do Alquimy Art – Centro de Pesquisa em Aprendizagem
Coordenadora de Cursos de Pós-Graduação *lato sensu*
em Arteterapia em várias cidades brasileiras

**Casa do Psicólogo®**

**1ª edição**
*2007*

**Editores**
*Ingo Bernd Güntert e Christiane Gradvohl Colas*

**Editora Assistente**
*Aparecida Ferraz da Silva*

**Produção Gráfica & Capa**
*Sandra Becker & André Feliciano*
*Ana Karina Rodrigues Caetano*

**Editoração Eletrônica**
*Renata Vieira Nunes*

**Revisão**
*Margaret Bateman Pela*

**Dados Internacionais de Catalogação na Publicação (CIP)**
**(Câmara Brasileira do Livro, SP, Brasil)**

---

Alessandrini, Cristina Dias
    A vida de uma grande garota / Cristina Dias Alessandrini, Luciana Chéde, Dulce Sabbaga Chedé — São Paulo : Casa do Psicólogo®, 2007.— (Coleção arteterapia/ coordenação Cristina Dias Alessandrini)

Bibliografia.
ISBN 978-85-7396-587-2

    1. Arteterapia 2. Epilepsia - Pacientes - Biografia 3. Inclusão social 4. Pessoas com necessidades especiais 5. Psicopedagogia I. Chedé, Luciana. II. Chéde, Dulce Sabbaga. III. Título. IV. Série.

| 07-9596 | CDD-615.85156 |
|---|---|

**Índices para catálogo sistemático:**
    1. Arteterapia : Pessoas com necessidades especiais: Ciências médicas    615.85156

**Impresso no Brasil**
*Printed in Brazil*

Reservados todos os direitos de publicação em língua portuguesa à

**Casa Psi Livraria, Editora e Gráfica Ltda.**
Rua Santo Antonio, 1010  Jardim México  13253-400  Itatiba/SP  Brasil
Tel.: (11) 45246997  Site: www.casadopsicologo.com.br

**All Books Casa do Psicólogo®**
Rua Simão Álvares, 1020  Vila Madalena  05417-020  São Paulo/SP  Brasil
Tel.: (11) 3034.3600  E-mail: casadopsicologo@casadopsicologo.com.br

# Sumário

*Dedico este livro*
*à minha querida **avó Nádia**,*
*fada madrinha presente*
*em todos os minutos de minha vida.*

*À minha mãe, que está sempre comigo.*

*Aos meus irmãos, companheiros de hoje e sempre.*

*À minha madrinha Margarete, com carinho.*

*E à tia Lúcia, obrigada pelo seu carinho e atenção.*

*Você está dentro do meu coração.*

*Sinto sua falta.*

**Luciana Chéde**

Este é o momento
de fazer um agradecimento
especial às pessoas
que convivem
diretamente com Ana.
Pedro, Olga,
Célia, Kide,
Maria José,
Alaor, Zefa, Marcolino
e André:
muito obrigada
pelo carinho,
pela dedicação e
principalmente
pela compreensão.

*Luciana Chéde*

# PREFÁCIO

Este livro representa o desenvolvimento do processo de crescimento de Ana, uma garota que se tornou mulher. Como muitos de nós, Ana deseja simplesmente ser igual aos outros; entretanto, encontra-se diante de um grande dilema ao perceber que as suas condições a tornam diferente dos demais. Seu dia-a-dia, desde o nascimento, foi sempre pautado por tratamentos e trabalhos terapêuticos, constituindo uma rotina bastante peculiar.

Tão logo veio ao mundo, a necessidade de acompanhamento médico mostrou-se proeminente. Inicialmente, foram requeridos cuidados de um neurologista, especialista em genética; depois, os de uma fonoaudióloga e, mais adiante, os de terapeuta ocupacional. Uma psicóloga tratou de Ana durante muitos anos e, em seu percurso escolar, foi acompanhada por uma psicopedagoga e arteterapeuta. Em um determinado momento, foi necessária a entrada de uma psiquiatra que, mais tarde, foi substituída por outro, depois por outro e por outro... Assim, o tempo foi se transcorrendo e a menina transformou-se em mulher.

Durante esse período, inúmeros foram os medos vividos e sentidos. Desafios enormes surgiam sempre que se deparava com tarefas tidas pelos demais como triviais, como aprender a ler e a escrever. Desenhar, pintar, fazer teatro e praticar esportes foram algumas das atividades que mobilizaram a sua atenção e a incitaram a empenhar-se para realizá-las, ainda que enfrentasse muita dificuldade para fazê-las.

Em um momento crucial de seu caminho, surgiu um projeto que norteou sua vida durante muitos anos: contar sua história. Relatar fatos e acontecimentos como os percebeu e viveu, partilhando os seus momentos, vividos com tanta intensidade e ânsia por ser alguém. Encantou-se com a possibilidade de descrever situações e escolhas, conversas e aprendizagens, momentos de desespero e de angústia diante da constatação de seus próprios limites. Este livro representa, para Ana, a realização de seu projeto. Cada página foi escrita dentro de um processo não linear. Houve momentos de crise em que desistia de continuar mas, felizmente, instantes de esperança traziam um brilho especial ao seu olhar e o desejo de continuar este trabalho voltava à tona. Novas páginas eram escritas. Memórias fragmentadas de situações vividas tornavam-se texto. Flashes de aprendizagens, períodos de tormento e dor eram descritos.

Nove anos se passaram desde o primeiro esboço que originou essa idéia. Algumas pessoas que têm estado ao seu redor também participaram, trazendo relatos sobre a convivência com alguém tão diferente, difícil e querido ao mesmo tempo. A expressão de seus sentimentos em palavras deu forma a uma experiência de vida pautada por uma luta incessante. Com o respaldo de sua família e, em especial, de sua mãe, trabalhamos na busca de um fio condutor que traduzisse da melhor maneira a forma pela qual Ana vivia e sentia o mundo.

Por vezes, os relatos surgem de forma fragmentada, o que coincide com sua estrutura interna. Movimentos psicóticos atualmente permeiam seu ser e fazer, seu querer e não querer, suas raivas e desatinos, sua ansiedade em tornar-se uma pessoa de sucesso. Estamos diante de um ser que tem em seu *daimon* a marca do guerreiro que precisa continuar a ser e a existir, que vive na tangência entre o real e o ilusório, de um inconsciente tomado pela insensatez ou de um coração marcado pela dualidade amor e ódio.

Sua estrutura psíquica parece ter sido determinada pela força materna que decidiu ser chegada a hora de conceber um filho. A gravidez tão desejada foi permeada pela dor da perda do avô materno de Ana, figura fundamental para a mãe, que o acompanhou em sua doença e sentiu profundamente sua morte. Como um ser tão pequeno que precisava da atenção e carinho podia integrar a dor e, ao mesmo tempo, a alegria de sua mãe? Esses sentimentos tão contraditórios apresentaram-se a esta família e, em especial, a Ana, que com eles iniciou seus primeiros momentos de vida.

Se, dentro de um ponto de vista espiritualizado, a vida pode ser encarada como um período durante o qual temos como missão cumprir nossa tarefa, indagamo-nos quanto ao sentido de receber a árdua incumbência de vir a este mundo para trilhar um caminho recheado de desafios imensos.

Como compreender que a vida chegou para Ana dentro de suas melhores condições e possibilidades? O seio de sua família pôde proporcionar-lhe tudo que foi possível para que pudesse adaptar-se à vida social.

A marca do "ser diferente" permaneceu e continua presente em cada uma de suas ações. O limite entre a insanidade e a saúde oscila em um movimento no qual a força do amor de sua família — alicerce que lhe possibilitou alcançar um jeito de ser nesse mundo — procura dar sustentação e permitir que as suas peculiaridades se aproximem da normalidade.

Assim, o tempo foi passando. Ana cresceu e, aqui está: uma moça de 23 anos, com desejos de menina, ansiedades de uma adolescente, lampejos de consciência de uma mulher. A psicose, hoje, prevalece diante de tantos diagnósticos não fechados. Ler e escrever continuam tarefas árduas e não efetivamente realizadas. A matemática é algo distante em conteúdo e compreensão. Possui uma dificuldade enorme de lidar com a impulsividade e com a agressividade, que vêm e tomam conta de sua consciência. O quadro clínico neurológico de epilepsia está controlado, embora restem sintomas decorrentes que permanecem atormentando sua vida e a de todos os que a cercam.

Diante do que foi apresentado, ficam as perguntas: Quem é Ana? Em que acredita? Como é sua vida? Como convive com sua família?

Como as pessoas de sua família se sentem e vivem com ela, diante de tantas questões que apresenta? Será que ser diferente é normal? Será que ela sempre será diferente? O que será de Ana daqui para frente? Algumas dessas questões serão respondidas no decorrer deste livro. Entretanto, são muitos os fatos que fizeram parte de sua vida e merecem ser compartilhados através da viagem ao mundo dessa grande garota. Vamos percorrê-lo juntos, mantendo um diálogo estendido, tornando esse prefácio apenas a introdução de intervenções que farei no decorrer do livro — escrito a muitas mãos, como vocês terão a oportunidade de descobrir, e permeado pela força de amor e de aceitação de quem está ao lado de Ana e procura trazê-la para um dia-a-dia de carinho e cuidado.

Apresentamos uma seqüência de fatos que fogem à linearidade do tempo cronológico, mas que são partes de sua vida que tentamos atualizar conforme os períodos foram passando, organizados em função de momentos de grande significação afetiva. Seu crescimento e o dos irmãos, a ausência do pai, os desafios com a mãe, a luta intensa para tentar preencher as exigências da vida social e escolar estão descritos de modo que se possa imaginar como é conviver com uma pessoa que quer ser igual, mas que é tão diferente e especial.

Preparamos ainda um estudo clínico, de modo a refletir sobre seu processo de aprendizagem, assim como o transferencial, vivido durante parte do trabalho arteterapêutico. Procuramos também reunir sua história, descrevendo-a sob o ponto de vista técnico, da maneira como o compreendemos atualmente. E, por fim, segue a seqüência de exames e medicações que foram utilizadas por Ana de modo a minorar seu sofrimento físico e psíquico.

Diferentes aspectos podem ser estudados e analisados por você, leitor, que, como nós, procura reconhecer os caminhos percorridos pela mente humana em busca de responder à questão: quem sou eu?

Nossa jornada se inicia. Vamos desvendar o mundo inconsciente do delírio e do desejo de alguém que quer, fundamentalmente, ser si mesmo.

*Cristina Dias Allessandrini*

# APRESENTAÇÃO

Queridos leitores,

Já estamos em dezembro de 2007. Esse texto começou a ser escrito em 1999. Quantas e quantas vezes ele foi rasgado e começado de novo... Tantos atritos, tanta ansiedade, muita confusão. Mas, finalmente, ele nasceu. Portanto, é com grande satisfação que apresento o livro "A vida de uma grande garota", escrito em meio a tantas idas e vindas, permeado pela expectativa da autora, minha querida filha, Ana. É importante que sejam conhecidos alguns aspectos que nortearam seu desenvolvimento, pois eles poderão ajudar a acompanhar o desenrolar dos diversos fatos por ela vividos.

Participei em muitos momentos de sua escrita, trazendo o que fomos vivendo em nosso dia-a-dia, narrando nossas inquietações e descobertas, nossos momentos de angústia e alegria. Procurei descrever de verdade como sentimos o desenrolar dos fatos, diante de momentos nebulosos e de passos guiados por incertezas. Assim, a figura da narradora que se mantém no decorrer desta história traz o olhar da mãe que procurou ser para a filha o que podia, em seus acertos e desacertos.

Até 1998, tudo transcorria de forma mais ou menos previsível. Ana, que nasceu com algumas dificuldades, conforme explicarei mais adiante, ia levando uma vida quase que "normal", apesar do grande esforço que despendia para realizar qualquer atividade aparentemente habitual para outras crianças. Seu crescimento demandou cuidado e participação constante de toda a família e de um conjunto de profissionais de várias especialidades.

A luta diária e suas pequenas conquistas representavam a força de mãe que sempre procurei ser para minha filha, apenas e ou tudo aquilo que ela precisava. Amamentei, acalentei, dei bronca e suporte, amparei e senti-me desamparada diante de algumas situações. Em alguns momentos, pedia auxílio, sentindo que não seria capaz. Procurei os melhores profissionais para que me ajudassem no que se tornou nossa rotina. Enfim, dentro de mim senti que a amei incondicionalmente.

Durante sua infância e meninice, Ana tinha interesses e atividades comuns aos de qualquer criança; gostava de ficar com a família ou amigos, viajava conosco, freqüentava a escola, fazia esportes e transitava pelo mundo, apesar de suas dificuldades. Em 1999, entrou em sua adolescência, quando tomou consciência de suas limitações e passou a perceber-se diferente ao comparar-se com outros adolescentes e jovens.

Seus questionamentos traziam uma clareza inquietante, que não tinha condições de responder: *"Por que meus irmãos nasceram da mesma barriga e conseguem fazer tudo e eu não?"* Nessa época, em um determinado dia, disse-me com todas as letras que não queria mais viver, por ser tão diferente. Foi então que Ana se propôs a não mais comer e beber, achando que, assim, resolveria seus problemas. Como conseqüência, uma nova etapa se iniciou e problemas realmente graves começaram.

Hoje, percebo que sua vida pode ser dividida em dois grandes momentos: antes e depois dessa tomada de consciência. Até ali, o turbilhão do nosso cotidiano nos era natural e, mais importante, Ana permitia ser tratada e cuidada por todos nós. Porém, reconhecer o quanto a vida demandava dela própria minou sua força batalhadora. Que difícil tornou-se nosso caminhar, a partir de então!

Atualmente, o nosso cotidiano ainda é bastante cansativo. A cada minuto, uma reação. Precisamos ter jogo de cintura para direcionar cada passo, sem demonstrar fraqueza, cansaço ou medo. Temos que ser firmes e fortes, para não deixá-la mais indecisa e insegura. Percebi que, com a ajuda dos mais variados profissionais, conseguia tratar do que era visível, mas como cuidar daquilo que não podemos ver?

Ana tem momentos de profunda doçura, de extrema alegria, verdadeiros êxtases, grandes sentimentos e generosidade. Na mesma fração de segundo, todavia, transforma-se e exterioriza um grande monstro, que representa, em sua personalidade, seus medos e seus limites. Por vezes, me diz: *"Ninguém manda em mim"*, ou então *"Faço o que eu quero, já sou maior de idade"*, embora, na realidade, minha gatinha 'grude no meu pé' o dia todo e seja, literalmente, dependente. O mais duro é observar que Ana tem consciência disso tudo.

Um questionamento permeou nosso percurso: o que minha filha tem? Como podemos ajudá-la? Eu não sou eterna. Sinto-me impotente ao pensar em deixá-la despreparada para a vida que, muitas vezes, é cruel e não respeita as diferenças. Por mais que busque tornar a vida de Ana próxima ao "normal", com aptidões para sobreviver sozinha, sinto que ainda falta muito. A ciência ainda não apresentou caminhos possíveis de serem trilhados a ponto de tranqüilizar-me e Ana, por sua vez, também não evoluiu tanto assim, e não coopera para desenvolver o potencial que sinto que ela tem. Queria ver uma solução para cada problema, mas sinto-me de mãos atadas.

Angustia-me não saber o que tanto a incomoda a ponto de impedir sua evolução, de inibir o seu desenvolvimento, de adquirir autoconfiança, de sorrir, de voltar a ser a garota alegre de outrora, de substituir o negativo pelo positivo. Gostaria que ela entendesse que ter limites para se fazer algo por si próprio não a impede, que ela pudesse acreditar nela e seguir adiante.

Há muito que quero poder dizer algo a Ana e, hoje, esse momento chegou:

Ana, você foi muito desejada e querida. Como costumo dizer, meus filhos são meu oxigênio! Sempre quis ser mãe, acho mesmo que nasci para isso. Quando você nasceu, fiquei muito feliz: nasceu a minha menina, de mim, não dá para explicar! Você era uma criança linda, a mais bonita que já vi. Trouxe-me alegria, principalmente naquele momento de dificuldades por que passava. Perdera meu pai 30 dias antes de você nascer, a pessoa mais importante para mim até aquele momento. Nós tínhamos uma afinidade muito grande. Filha, quero que saiba que você é muito amada. Se não fosse por você e seus irmãos, não teria objetivo na vida. Não lutaria com essa vontade de vencer, não teria coragem, nem alegria. Filha, não existiu o trabalho e, sim, a recompensa. Te amo, te amo, te amo.

Ao nascer, você apresentou tremores, explicados pelo neurologista como decorrentes do uso, durante a gravidez, de um remédio de pingar no nariz. Você nasceu de fórceps baixo e recebeu 6 no teste de Apgar ao nascer, passando a 8 e depois 9. Demorou muito para chorar e até entrei em agonia, pois não ouvia você. Só fui vê-la no berçário... Mas, a verdade é que só agora estou fazendo mil conexões. Durante sua vida inteira trabalhamos para que você se sentisse bem, que recebesse tudo o que precisava, o meu melhor. Pensar em alguma conseqüência daqueles primeiros momentos de sua vida, não foi um fato presente em meu coração. O importante é que você existe e está aqui conosco.

Você demorou mais para falar e andar. Aos dois anos, após um Eletrencefalograma – EEG, foram constatadas 'ausências', ou seja, pequenos desligamentos. Precisou também de fisioterapia, pois tinha o tônus muscular fraco. Diariamente, fez atendimento fonoaudiológico, fisioterapia, terapia ocupacional e ludoterapia. Atualmente, não temos tido acompanhamento do problema das ausências.

Muitos anos se passaram e todo um trabalho foi sendo construído. Atualmente você vive comparando-se aos seus irmãos e questionando as diferenças. *"Por que sou diferente? Por que não consigo?"* Este livro, entretanto, é uma conquista sua e você merece finalizá-lo!

Por meio dele, será possível conhecer, de dentro, como foi essa trajetória, sentir nossos passos, vividos com alegria e ou dificuldades, mas sempre uma força de amor quase descomunal. Sempre permeados por luta, necessidade de descobrir caminhos, desabafos insensatos ou medo de algo que não teríamos mais controle. Um pouco de tudo isso faz parte das páginas que descrevem minha filha. Hoje, compreendo um pouco mais o que busquei por tanto tempo. Sabe, é bem importante dizer que todo este percurso foi uma aprendizagem para mim também, pois aceitar e acolher momentos de descompasso não é algo muito simples. Dentro de mim procurei entender o que acontecia com você, a cada dia me perguntava como poderia ajudar mais um pouco para que você pudesse crescer e se desenvolver. Mas, hoje sei que meu maior aprendizado foi aceitar você, querida filha, bem do jeitinho que você é. Amar você quando você está bem ou quando você está "da pá virada".

A batalha foi árdua! Mas, passo a passo, VENCEMOS. Essa guerra serviu para aprimorarmos nossas vidas, para que nunca percamos a esperança, para ajudarmos na felicidade do ente querido e, principalmente, aceitar e respeitar esse ser humano tão especial que eu orgulhosamente chamo de MINHA FILHA ANA.

Enfim, descobri de verdade que a aceitação que sinto vem lá do fundo de meu coração, e que você é muito querida. Te amo mesmo, viu?

Com todo meu amor,

*Mamãe*

# 1 | MOMENTO DE DECISÃO

Por volta de agosto de 1998, Ana começou a ficar mais retraída: falava menos, não tinha vontade de sair e tampouco de ter contato com as pessoas. Foi uma etapa muito difícil em sua vida, pois ela tomava consciência de suas limitações. Um conflito interno muito grande instalava-se, atingindo seu apogeu em dezembro do mesmo ano, quando falou: *"Mãe, por que eu sou diferente? Por que meus irmãos não tomam remédios como eu? Por que eles conseguem fazer as coisas e eu não?"*. E completou: *"Não quero mais viver"*.

Nesse mesmo mês, Ana parou de comer e, no seguinte, de beber. Como conseqüência, Ana teve de ser internada; ela começava a ficar desidratada. Tornou-se necessária a alimentação via sonda, administrada de três horas em três horas, para que a médica psiquiatra responsável permitisse a volta ao lar.

A abstinência alimentar não se tratava de quadro anoréxico, já que emagrecer não era seu objetivo. Ana sempre fora magra e elegante, sendo até impressionante a capacidade que teve de se manter tanto tempo sem alimentação. Depois de vários dias no hospital, que representaram momentos de grande aflição para todos, voltou para casa com a sonda. Sua chegada ocorreu em meio a um sentimento dialético, um misto de alegria e receio diante do novo: o que aconteceria dali para frente?

Ana oscilava entre a vontade de viver e estar perto de querer finalizar seu sofrimento nessa vida. Após esse grave episódio, seu nível de fraqueza trouxe grande preocupação a todos e, ao seu redor, a mãe, a avó e algumas amigas da mãe procuravam trazer-lhe de volta a vontade de alimentar-se e, conseqüentemente, à vida. Nessa época, toda e qualquer assistência médica proposta era recusado por ela: nutricionista, psicólogo, psiquiatra... Ana não aceitava. Nada conseguia ajudá-la a vislumbrar um outro objetivo que a mobilizasse a querer voltar a fazer alguma coisa, algo que a trouxesse novamente a vontade de viver.

Foi aí, então, que sua mãe lhe sugeriu a idéia de fazer um livro que relatasse a história de sua vida. Felizmente, ela animou-se: ditava e a mãe escrevia; os textos digitados eram passados para pessoas próximas e queridas, que opinavam e complementavam com mais memórias e recordações. Esse processo se desenrolou durante os cinco meses e meio em que ficou com a sonda. A arteterapeuta e psicopedagoga arquivava o que já havia sido produzido e orientava como lidar com Ana.

Os textos, na verdade, eram fragmentos de sua vida e de momentos do cotidiano, nos quais ela, por exemplo, falava: *"Estou brava, estou de saco cheio."* Quando questionada a respeito do motivo, respondia sempre acerca de suas incapacidades e sobre o ser diferente: *"Ah! Porque eu não consigo fazer isso, eu não consigo fazer aquilo".* Escrever esse livro, entretanto, era algo que ela realizava e a auxiliava a colocar para fora suas angústias.

*Os dias têm sido bem difíceis e parece que não há muito sentido em vivê-los. Mas, na vida, precisamos ter desejos e projetos. Afinal, é muito bom sentir que algo acontece dentro de nós porque estamos realizando, de fato, o que queremos! Estou com quase 18 anos e tomei uma decisão importante: escrever sobre a minha vida.*

*Desde pequena, como qualquer ser humano, tenho muitas vontades. O que me distingue dos demais, contudo, é a dificuldade que enfrento em realizá-las, não por falta de apoio, incentivo ou oportunidade, mas por algum aspecto interno que me faz ser*

*diferente nesse sentido. Por isso, esse novo projeto, de relatar a
minha vida, torna-se tão especial. A sugestão veio da minha mãe
e eu, por minha vez, achei uma excelente idéia. A realização
desse novo intento, que se tornou, literalmente, minha razão de
viver, é uma forma de expor aquilo que, durante minha vida, foi
me interessando e, ao mesmo tempo, será possível mostrar o quão
difícil foi vivê-la.*

Quando, finalmente, não mais precisava fazer uso da sonda para
alimentar-se, Ana queria que o livro já estivesse pronto; procurou a
arteterapeuta e psicopedagoga e queria ver o livro materializado à
sua frente. Quando a mesma disse *"Calma, nós temos que escrever mais"*, Ana ficou muito zangada. Ana tem pressa. Tudo em sua
vida tem de ser para "ontem": para ela, o único tempo que existe é o
"já". Contudo, acabou se convencendo que o livro precisava ser com-
pletado, pois pouca coisa havia sido escrita. Sendo assim, o processo
continuou, agora com seu auxílio, que escrevia aquilo que Ana ditava
sob o seu controle, que lia no teclado o texto e reclamava se a repro-
dução não saía fiel às suas palavras.

Seus desatinos, permeados por instantes de lucidez impressio-
nantes, traçam o percurso de um ser humano que sempre esteve
simplesmente à procura de ser alguém igual a qualquer um de nós.

*Sabem... Escrever, para mim, ainda é algo bem difícil. Quan-
do estou tentando contar o que acontece, sinto uma raiva danada ao perceber o quanto ainda é complicado colocar meus pensamentos em ordem. Houve dias em que, ao ver o livro, surgia
uma enorme raiva, quase um ódio de fazer tanto esforço e pare-
cer que não ia terminar nunca! Nesses momentos, a ajuda da
Cris era fundamental.*

Ana não se conformava com o fato de tudo necessitar de um
tempo para ser concluído e de que, muitas vezes, dependia de outras

pessoas para realizar algo. Então, o que acontecia? Ela rasgava o livro. Chegava em casa com o livro aos pedaços, destruindo o trabalho de meses. É importante destacar, portanto, que esse livro foi reiniciado inúmeras vezes, mantendo-se o intuito terapêutico sob o qual surgiu, de ajudá-la a verbalizar as suas tentativas de enfrentar as próprias limitações, sem aceitá-las passivamente. Sendo assim, caracterizou-se como um trabalho muito árduo, driblando expectativas, angústia e raiva.

*Algumas vezes fiquei realmente furiosa, peguei o meu livro e o destruí. Piquei, bem picadinho! Ficava contente, mas de um jeito bem ruim. Sentia que ficava de tal maneira que ninguém me segurava. Precisava de um intervalo bem grande para me acalmar e voltar a querer escrever novamente. Nessas ocasiões, eu passava um tempo sem mexer no livro e, contudo, ele permanecia em meu coração e a vontade de retornar ao meu projeto era eminente. Não que fosse uma tarefa fácil; olhar para determinados momentos de minha vida que nunca gostei é algo bastante desagradável. Ainda assim, essa é a minha história. Portanto, preciso olhar, pensar e descobrir em mim como é que tudo acabou ficando em minha memória.*

*Diante dessas circunstâncias, este livro levou mais de sete anos para ser escrito. Apesar de desistir várias vezes, recomecei, e, desta vez, decidi ir até o fim. Prometi para mim mesma me esforçar, de verdade, para que ele seja lançado e para que possa, inclusive, ser conhecido internacionalmente... Será? A vida assim me dirá.*

# 2 | QUEM SOU: MINHA HISTÓRIA

*Nasci no dia 10 de abril de 1984 e, hoje, sou uma garota de 23 anos. Moro com minha família: minha mãe, meus irmãos gêmeos e minha avó. Quando eu nasci, meu pai e minha mãe moravam juntos. É claro que eu não me lembro. Também, eu era um bebezinho!*

*Nesta casa morei durante muitos anos.*

*Mamãe conta que eu gostava de mamar e que tinha tanto leite para me amamentar que ela até tirava um pouco para dar a um primo meu, dois meses mais velho. Ela estava bem triste por causa da morte de meu avô, embora tentasse impedir que eu sentisse isso. Afinal, sua primeira filha tinha nascido e ela sempre relatou ter me desejado e me amado muito.*

*Fui um bebê bem cuidado e adorava mamar!*

Morávamos em uma casa grande, no bairro de Moema, em São Paulo. Nossa casa tinha um terreno grande e minha mãe, quando eu era pequena, resolveu construir uma casa de boneca para mim. Imagine que era uma casa onde as pessoas podiam ficar em pé dentro dela! Tinha telhado de verdade e meus irmãos, meus amigos e eu adorávamos ficar lá. Era uma farra.

*Aqui estou em minha casa.*

*Eu era bem sapeca e gostava de fazer bagunça, deixando todo mundo bem louco com o que eu aprontava. Quando olho as fotos daquele tempo, vejo que andava sempre bonitinha e sorria bastante. Tinha muitos brinquedos com os quais eu me divertia. Brincar de boneca, entretanto, detestava, porque elas não conversavam comigo!*

Desenhar também fazia parte de meu dia-a-dia.

*Conforme fui crescendo, aprendi a gostar de bichinhos de pelúcia e essa paixão perdura até os dias de hoje. Tenho a coleção inteira da Parmalat, na prateleira de meu quarto, que adoro. Hoje, o quarto é somente meu; mas, essa história será contada mais adiante.*

Aqui estou preparada para brincar no carnaval.

Também tínhamos muitos bichos em casa, que viviam nos fundos. Era mais ou menos assim: três cachorros, pintinhos, tartarugas, peixes, coelhos, passarinhos. Os três cachorros da raça poodle adoravam brincar e bagunçar dentro de casa; os pintinhos, cada vez que morriam – e isso acontecia com freqüência! –, provocavam uma choradeira geral. Uma vez, ganhei um pintinho e, sem querer, esganei ele com a minha mão. Mas eu era pequena... Depois ficamos um tempo sem ter bichos em casa, o que achava até bom, pois às vezes aborreciam um pouco.

Nas férias, íamos freqüentemente para a praia, no Guarujá. Quando era menor, fugia com a minha amiga Camilinha. A gente saía e andava na rua, rodava por lá, até que voltávamos para o apartamento dela. Um dia, essa minha amiga e eu nos escondemos dentro do armário. Ficaram todos loucos atrás de nós, até que nos acharam. Gostava muito de ir à praia, entrar no mar e brincar na areia. Gostava de brincar de ficar jogando areia um no outro e, no mar, curtia "furar onda".

Quando meus irmãos gêmeos, Vítor e Eduardo, nasceram, a vida ficou diferente. Meus pais se separaram e papai foi morar em outro lugar. Um tempo depois, casou-se novamente, teve mais dois filhos, um menino e uma menina, formou outra família. Gosto muito dos meus irmãos por parte de pai. Pra mim, eles representam dois anjos amigos. São carinhosos comigo, me dão beijos e abraços, perguntam como é que eu estou, brincamos de fazer cócegas uns nos outros. Bom, isto era quando eu os via... Entretanto, meu pai acabou por se separar também da outra esposa e acabei afastando-me deles. Ao longo da minha vida, vi meu pai muito pouco. Sei que ele não esteve presente em muitos momentos e já senti muito a sua falta

*Gostava de fazer brincadeiras!*

Minha mãe tem um irmão e, não sei por que, não tenho muita afinidade com ele, apesar de ser meu padrinho. Esse tio tem cinco filhos, que são os meus primos. Deles eu gosto. Já meu pai tem duas irmãs, as quais eu nem conheço. Rita é o nome da mãe de meu pai, por quem não sinto nada, pois não convivo com ela. Trato bem por educação, por ser mãe do meu pai, não por ser minha avó. Com a minha avó Cláudia, que mora conosco, é diferente. Ela é carinhosa e gosto de brincar de desarrumar o seu cabelo. Eu 'achato' ela abraçando bem forte. Ela fala para eu parar de apertar tanto no abraço, porque, segundo ela, até machuca, mas eu gosto é desse jeito. Ela é muito querida, ainda que briguemos por ela se meter na minha vida. Coisa de avó...

*Aqui estou com 10 anos, depois quando tinha 13.*

A relação com os irmãos menores, os gêmeos, é excelente. Quando os bebês eram pequenos, gostava de colocá-los no colo para brincar de conversar. Eles ali ficavam até que alguém os devolvesse ao berço. Por vezes, queria ficar tão perto dos gêmeos que entrava no berço e a encontrávamos adormecida ao lado deles. Apesar de Ana não sentir ciúmes deles, quando nasceram, enfrentava o constante comentário: *"Que gracinha! São gêmeos!"* Nesses momentos, as pessoas nem olhavam para ela, que era linda, e isso, que já é complicado pra qualquer criança completamente saudável, era muito sofrido para a sua consciência. Ana, por ser mais velha, foi o espelho ou o eco para os meninos. Ela falava errado, eles falavam igual. Quando os três eram pequenos, saíam juntos para tudo: festas, clube, shopping etc. Com o passar do tempo, as distâncias entre ela e seus irmãos foram aumentando e os meninos formaram sua própria roda de amigos. Hoje em dia, não compartilham muito da vida ou viagens, não saem juntos com a mesma constância de outrora e podemos perceber que há certa dificuldade de diálogo, pois acaba sendo difícil estabelecer uma conversa com conteúdo. Mesmo assim, continuou sendo convidada pelos amigos dos irmãos, que sempre gostaram dela. Compreendem, aceitam e respeitam-na, pois cresceram perto dela.

Os irmãos são pacientes com suas incongruências. Contudo, costumam não concordar com tudo que ela faz ou diz; sabem respeitá-la, mas não aceitam manha. Querem que ela seja mais positiva e menos agressiva. Quando têm de achar ruim, acham; quando têm que agradar, agradam. Dizem que gostariam que ela levasse uma vida normal dentro do possível. Apesar dos chamados constantes para viajar, passear e fazer outras atividades, Ana tem optado por permanecer fechada em seu próprio reduto, no qual se sente segura para ser quem sente que é.

*Aqui, estou abraçando meus irmãos.*

*Meus irmãos só servem para infernizar minha vida. Ficam escutando música tão alto que não consigo dormir. Toda vez, preciso chamar a atenção deles Fazem a maior bagunça no meu (nosso) banheiro: deixam tudo jogado e eu detesto. É um tal de tênis, cueca, camiseta, roupa espalhada por todo lado, que ninguém pode agüentar, muito menos eu. Tem dia que eles nem escovam os dentes e não estão nem aí!*

*Apesar de a gente brigar de vez em quando – o que é normal entre irmãos –, amo eles. Sou muito briguenta e não gosto que brinquem comigo, porque levo tudo muito a sério! Acho mesmo que não sei brincar. Mas, o melhor de tudo é que estou aprendendo e começando a SORRIR!*

# 3 | MINHA MÃE

*M*inha mãe é aquela que me trouxe ao mundo e, mais do que isso, sei que posso contar sempre com ela. Nós brigamos muito. Eu quero fazer coisas, e ela não deixa; quero andar sozinha na rua e ela não permite. Vem uma raiva danada e fico C-H-A-T-E-A-D-A, com todas as letras! Acabo perdendo minha paciência e já cheguei até mesmo a bater nela, e ela revidou. Foi muito ruim e chato. Eu me senti de um jeito horrível quando isto aconteceu.

Por que as mães não deixam os filhos fazerem o que querem? O meu desejo é de que minha mãe seja sempre boazinha e que deixe os filhos fazerem o que bem entenderem da sua vida. Assim, poderemos nos virar sozinhos. Tem momentos em que sinto raiva e muito ódio da minha mãe. Queria que ela não fosse minha mãe, mas, lá no fundo, sei que ela está dentro de meu coração e que também a amo um pouco. Ela é o meu bichinho de pelúcia, o meu preferido!

Ela, por sua vez, eu sei que gosta de mim. Ela me faz carinho, dá beijo, me leva no médico e conversa comigo. Pergunta como é que eu estou, pergunta o que é que eu sinto, me compra roupas novas, sapatos, anéis e brincos. Gosto de sair com minha mãe, de ir ao shopping e almoçar lá de vez em quando. Entretanto, prefiro quando não vai mais ninguém, nem meus irmãos, nem as amigas dela. Só eu e minha mãe.

*Eu não tenho vontade de ser mãe, já basta ter que viver nesse inferno... Chega! Minha tarefa nessa vida é muito difícil. Preciso me trabalhar muito mesmo para ser alguém um pouquinho feliz... Ainda bem que acabo tendo o apoio da minha mãe, que me dá forças e continua guiando a minha vida, pois acho que sem isso seria pior. Nessa hora, agradeço a Deus por ter essa oportunidade.*

A mãe de Ana é como se fosse seu pilar de sustentação. Entretanto, se a relação mãe e filha já é, normalmente, conturbada, pelos sentimentos que envolvem o vínculo, no caso delas as emoções vão ao extremo. Ana abriga uma intensa confusão de sentimentos: uma mistura de amor e ódio, ternura e agressão. Gosta de monopolizar todo mundo, principalmente a sua mãe que, quando sai com ela, precisa dar-lhe dedicação exclusiva. Estando ao seu lado, é muito difícil distrair-se ou conversar com outras pessoas, pois ela tem ciúmes de todos. Mesmo longe dela, o sentimento de posse continua. A mãe, que é o maior "alvo" de amor, chega a precisar deixar o celular desligado, senão ela liga de dois em dois minutos.

Por outro lado, é possível verificar que Ana está querendo engatinhar sozinha, ainda que não tenha a menor consciência de quão difícil é essa tarefa para as suas reais limitações. Seu maior desejo, no momento, é morar sozinha, mas se esquece que, além dos direitos, também existem obrigações; não tem idéia de como se manter, não sabe ao menos cuidar de si mesma, das suas roupas, do seu quarto, enfim, de todas as trivialidades do dia-a-dia.

*O chato é que as brigas ainda são muitas e a cada vez aumentam mais. Preciso me posicionar o tempo todo, mas acho que, agora, ela está aprendendo a me respeitar. Afinal tenho de ser independente de minha mãe. Por outro lado, sei que, quando preciso, ela está ao meu lado e eu, por minha vez, não desgrudo dela. Sei também que, quando ela briga comigo, é para que eu aprenda as coisas. A gente briga e depois fica de bem, porque é assim mesmo. Estamos juntas todos os dias e eu já a acordo de manhã cedo fazendo carinho e dando muitos beijos.*

É assim o dia todo. Ana é toda metódica, toda cheia de manias e não tem jogo de cintura. Nada pode ser um milímetro diferente do combinado ou do que ela imagina. Caso contrário, ela trava, não entende ou não quer entender, mesmo com todo o apoio que recebe, principalmente de sua mãe. Não existe momento bom para ela. É o que ela quer e pronto. Freqüentemente, diz sentir-se infeliz e insatisfeita, atribuindo até mesmo à mãe a causa disso tudo: *"Você é a culpada e eu não quero mais viver por isso".*

Todas as formas de ajuda que poderiam ter sido oferecidas para Ana, a mãe lhe proporcionou: terapias, estudos, ocupações, médicos, tratamentos e, principalmente, amor. Ao longo dos anos, a família aprendeu a lidar melhor com Ana. Sabem como ela vai reagir, quando vai entrar em crise, como vai se comportar. Se ela diz que ficará 30 dias no Guarujá, já não se preocupam, pois sabem que ficará, no máximo, uma semana. Ela gosta de voltar para o mundo dela, para a casa dela, para o quarto dela. Contudo, muitas vezes, ainda sentem-se perdidos, sem saber por onde começar, pois ela nunca aceita orientações ou conselhos.

*Nesta foto, em que estou em meu quarto, vocês podem ver as lembranças que tenho de momentos em família, com meu avô, pai da minha mãe, que não conheci, mas que esteve sempre presente em cada um de nós.*

# 4 | MEU PAI

*Alguém que foi importante para mim é meu pai. Minha história com ele é bem complicada... Eu nem sei bem o que contar.*

*Quando eu nasci, meu pai morava com a minha mãe. Acho que eles brigavam muito. Meu avô estava com câncer e morreu ainda antes de meu nascimento, deixando minha mãe muito triste. Eu não sei como é que meu pai era com ela, porque eu não lembro deles juntos. Eles se separaram quando eu tinha seis anos de idade e isso eu lembro porque senti bastante. Até hoje fico com um desejo, lá no fundo de mim, de que eles se reconciliem. Bem, eles estão separados e eu ainda não entendo direito como é que eles casaram, me tiveram e tiveram meus irmãos, que são tão diferentes de mim! Meu pai sempre foi indiferente a tudo e talvez esse seja um motivo de eles terem se separado. Ufa, até cansa falar!*

*Nesses anos todos, meu pai foi muito ausente de minha vida. Esperei por ele tantas e tantas vezes que nem sei mais. Fiquei muito, mas muito magoada, pois ele combinava e não aparecia. Lembro-me muito bem de ficar esperando que ele telefonasse para sair conosco, mas ele não vinha. Toda vez, ele não vinha. Nós ficávamos chateados e também muito bravos. Parecia que nem queria saber dos filhos, se estavam vivos ou mortos... Mesmo em nossos aniversários, nem ligava ou dava presente, para*

*mim ou para meus irmãos. Nós é que ficávamos esperando e
esperando... Nunca soube dar carinho para a gente ou nos levou para viajar. Até hoje ele é totalmente ausente.* Posso dizer
mesmo que nunca gostou de ficar com a gente.

*É difícil lembrar de tudo isso e não sentir uma coisa bem
ruim dentro de mim, algo como levar um tombo do alto de uma
montanha. A gente desce, vai caindo e caindo, machucando o
corpo todo e sentindo ódio. A dor que vem é do tamanho da
cidade de São Paulo! Nem cabe dentro do peito, que fica cheio
desse ódio todo.*

Para Ana, falar do pai é uma tarefa difícil, pois ele foi e é um quase
ausente. Ela sempre implorou a sua atenção, mas, nas poucas vezes
em que aparecia, saíam por mais ou menos uma hora. Nessas ocasiões, Ana sentia-se realmente feliz e achava o pai o 'máximo'. Nem se
incomodava de o pai não chamar os irmãos para saírem juntos.

*O jeito que encontrei para lidar com tudo isso é chorar esse
ódio aos poucos, procurando esquecer e deixar meu pai "prá lá".
Assim, fico mais em paz, porque já descobri que quem está mesmo
sempre junto de mim é a minha mãe. A minha mãe é meu oxigênio.
Não vivo sem ela. Uma das únicas coisas boas que tenho pra lembrar dele é a de um dia em que liguei para o meu pai para a gente
sair. Fomos jantar fora, lá na casa da minha outra avó, a mãe
dele. Ficamos sentados juntinhos no sofá e fazendo carinho de
pai para filha. Quando voltei para minha casa estava me sentindo
mal, sentia dores, mas eu estava também contente de ter encontrado meu pai. Sabe... Era muito difícil vê-lo, raramente conversávamos, somente pelo telefone e eu morria de saudade.*

*Eu falo com meus irmãos por parte de pai e eles perguntam
como é que eu estou. Eles gostam de mim. A mãe deles também é
superlegal. Nós já almoçamos todos juntos, na casa do meu pai,
quando ele ainda era casado com ela.*

*Uma vez, passei um fim de semana lá. Fomos todos comer pizza no restaurante: meu pai, a mulher dele, os meus irmãozinhos e eu. Gostei de sairmos todos juntos e ainda mais porque comi minhas pizzas prediletas, as mesmas de sempre: calabresa e mussarela. No dia seguinte, levantei cedo, tomei meu café sozinha e, durante a manhã, fiquei deitada ouvindo música. Meu pai ficou um pouco comigo e depois fomos ao shopping. É um outro shopping, diferente dos que eu vou sempre. Comi no McDonald's de lá. Eu adoro o McDonald's! Era época de Natal e meus irmãos foram ver o Papai Noel e ganharam pirulitos: três para cada um. Depois, fomos em uma loja de animais e ficamos olhando os bichos. Fomos para casa e assistimos futebol. O jogo era do Corinthians contra o Vitória, que empataram em zero a zero. Eu também brinquei com meus irmãos, fiquei fazendo cócegas neles.*

*No outro dia, voltei para a minha casa. Minha mãe gostou de me ver e me deu um abraço. Estava morrendo de saudades dela e dos meus irmãos, de minha avó, de todo mundo, e da casa inteira. Gostei de reencontrar a minha família. Afinal, apesar de tudo e de todos, lá é minha casa, meu lar; adoro todo mundo que mora ali.*

*No dia do aniversário de seis anos do meu irmão por parte de pai, houve uma festa. Foi a segunda festa de aniversário que fui na casa deles, assim eu pude ficar perto deles mais um pouco. Eu sinto saudades. A festa foi boa. Tinha doces, salgadinhos, bolo e bebidas. Encontrei meu pai e a mulher dele, a avó e as tias. Depois de cantar parabéns, voltei para casa.*

Os encontros com os irmãos eram momentos de muita alegria para Ana. Nas poucas vezes que ocorreram, divertiu-se muito. Atualmente, não mantém contato com eles, mas gostaria de ter. Em diversas ocasiões, chorou muito, insistindo para que esses reencontros se dessem. O pai, por sua vez, não fez nada para promovê-los.

*Encontrei meu pai mais algumas poucas vezes. Íamos a um restaurante. Mesmo sentindo uma raiva danada de tantas e tantas coisas que tinham a ver com ele, tentava apenas aproveitar sua presença. Atualmente, ele vive com sua mãe, por acaso minha avó, que vejo raramente (que sorte!). Aliás, já faz muito tempo que ele se separou e deixou a outra mulher e os meus outros irmãos. Eu nunca contei que tenho esses outros irmãos, somente nesse livro, que relata minha vida de verdade, é que eu posso contar.*

*Ah... Meu pai... Pode passar todo o tempo do mundo e ele não muda nunca. É muito difícil para eu aceitá-lo. Ele é incapaz de me fazer um carinho, de falar uma palavra boa. Eu só quero atenção, amor de pai (se é que ele sabe o que é isso) e vê-lo pelo menos uma vez por semana. Porém, nem isso, tão simples, acontece. Ele não liga, não vem me ver, não me levou a lugar algum. Sinto falta de um pai... Por que será que ele é assim? Eu preciso de tão pouco... Só quero sentir que tenho um pai. O meu pai só me engana e é um mentiroso. Eu substitui o carinho que sentia por ele pela RAIVA. Eu e os meus irmãos não conseguimos entender o que faz um coração ser tão insensível. Essas atitudes dele sempre fizeram muito mal para mim. Tenho tanta raiva, que a coisa que eu mais quero é tirar o sobrenome dele. Ele não é nada e não me diz nada com essas atitudes.*

*Pai, você não entende nada de família, de amor, de carinho, de calor humano, de alegria e de filhos. Vai acabar sozinho no mundo.*

*Estou querendo há anos tirar o sobrenome do meu pai, pois ele me faz muito mal. Agora resolvi agir. Meu pai nem sabe que eu existo, não me sustenta, não fala comigo, não me liga, não me vê... É como se eu não existisse. Ele não vale nada. Ele foi e é um dos meus grandes problemas emocionais.*

*Fiquei doente, tive um linfoma, durante 9 meses estive em tratamento intensivo e graças a Deus estou curada. Nem nesse período meu pai perguntou por mim, nem mesmo a família dele: mãe e irmãs. Eu não quero carregar para o resto da vida o sobrenome de uma pessoa que não sabe o que é atenção e carinho, que é só o que eu preciso, e nunca recebi da parte dele. Acho também que, por ter um problema, fui rejeitada por ele.*

Hoje, com 23 anos, cansou de mendigar o carinho do pai. Acreditou que, por ter vivido dois finais de semana nos quais obteve a sua atenção, resgataria uma vida inteira caracterizada pela ausência paterna. Ledo engano, que provocou uma grande raiva. O fato do pai não ter sido presente acabou deixando marcas em seu desenvolvimento e, constantemente, Ana procura em figuras masculinas o pai que não tem. Além disso, em sua relação consigo própria, sua auto-imagem é bastante prejudicada: ainda hoje, veste-se de maneira masculinizada, ainda que tenha traços muito delicados.

Enfim, nesse momento seu desejo é apagá-lo de sua vida. Ela entrou com um processo jurídico solicitando que o sobrenome dele seja retirado de seu nome.

# 5 | PESSOAS ESPECIAIS

*Falar de minha família é também falar de duas pessoas de quem eu gosto muito. Quero homenageá-los nesse momento, pois são pessoas com quem estou todos os dias, fazendo parte de meu cotidiano. Vou contar agora da Regina e do João.*

*Regina trabalha em minha casa desde que eu nasci e é muito carinhosa comigo. São muitos anos de convivência! Sem ela, nem sei como eu faria... A Regina e minha mãe brigavam muito. Minha mãe implicava muito com ela e ela resolveu sair. Se eu tivesse me metido na briga, isso não teria acontecido.*

*Quando ela foi embora eu chorei muito, não parava de chorar. Senti muita saudade dela, porque ela cuidava de mim desde pequenininha. Ela acabou arrumando um emprego novo, mas eu chorava tanto que ela acabou voltando: pedi que ela retornasse e fiquei muito feliz quando isso aconteceu! Ela pode contar comigo, pois sempre vou ajudá-la em tudo. Ela sempre vai ficar em meu coração. Que a Nossa Senhora Aparecida possa protegê-la!*

*Aqui, estou abraçando a querida Regina.*

Regina trabalhou na casa de Ana durante 20 anos. Assistiu ao casamento dos pais e viu as crianças nascerem. Ajudava em tudo, principalmente com os pequenos. Assim, a concorrência ficou brava. De certa forma, a mãe sentia-se ameaçada quanto à autoridade que Regina exercia sob Ana e os gêmeos, e acabaram brigando. Ficou ausente por sete anos e depois voltou quando eles já estavam maiores. Ana sempre foi seu xodó e faz todas as suas vontades. Passa longas temporadas com Ana na praia e considera-a como a filha que nunca teve.

*João é meu motorista, meu anjo da guarda. O pai que sempre quis. Ele tem a maior paciência comigo e cuida de verdade de mim, em todos os momentos. No carro, quando eu ponho música bem alta, ele pede para eu baixar o som, mas eu não obedeço. Aí, ele não fala nada. Eu nem sei o que eu acho, mas a verdade é que eu gosto muito dele. Ele é superlegal e amigo, me leva e me busca nos lugares, compra as coisas que eu peço, vai buscar as coisas e me leva para qualquer lugar que eu queira.*

*No dia em que eu fugi, foi ele quem foi me buscar. Ele estava preocupado e eu até deixei ele nervoso e aflito. Mas sei que ele ficou contente quando eu voltei para casa. Enfim, João é um cara bacana, que eu quero que continue presente na minha vida. Sem ele, tudo seria muito mais difícil, eu ficaria mais nervosa, porque além de eu gostar dele, eu nem saberia como fazer para ir e vir dos lugares...*

*João se casou em 1995, com uma moça com o mesmo nome que eu. Falei para ele que casamento é atraso de vida, mas ele acabou se casando assim mesmo e, depois de um tempo, separou. Ufa! Foi um alívio para mim, pois eu tinha sentido muito a falta dele. Ainda bem que ele faz parte de minha vida. Desejo que cada pessoa tenha um amigo legal como o João por perto.*

*João é como meu pai, Regina, como minha mãe...*

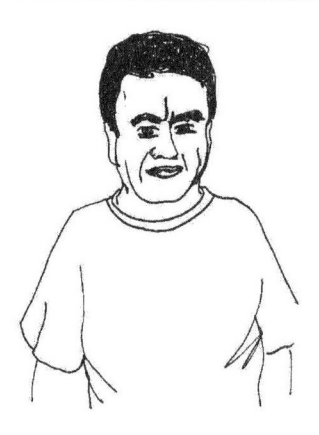

*João é meu anjo guardião!*

João é o motorista que está na família há treze anos. Gosta muito dos meninos e de Ana, tendo sempre cuidado deles muito bem. Os leva a todos os lugares, mas sempre teve uma atenção especial com a mais velha. Conversa com ela, consegue acalmá-la, a leva para passear, tem uma santa paciência! Todos gostam muito dele.

Ana vê nele alguém com quem ela pode contar sempre. Talvez enxergue em João a figura masculina que sempre buscou, mesmo que inconscientemente, e que, de certa forma, corresponde às suas expectativas, principalmente em seus momentos de crise. João não espera nada de Ana, apenas acolhe seus desejos e, com muita paciência e carinho, está presente em todos os momentos fáceis e difíceis, alegres e tenebrosos. Sua alegria é real quando nos diz: *"Que bom que deu certo!"*. É ele quem suporta e aceita Ana em momentos muito difíceis.

# 6 | Meu Quarto: Meu Mundo

Em 1999, quando Ana desencadeou uma terrível rejeição à própria vida, deixando de se alimentar, tentou-se de tudo para agradá-la, para que ela voltasse a comer por livre e espontânea vontade. Todos na casa voltaram-se para ela, na tentativa de fazê-la alimentar-se, e mesmo assim, não havia sequer um sinal que indicasse um resultado positivo. Os esforços eram em vão.

Buscando algum motivo que a tivesse levado a tomar tal decisão, levantou-se a possibilidade de Ana, que dormia com sua avó, estar querendo um quarto só para ela. Ao seu redor, todas as suas amigas possuíam um quarto exclusivo e, ao dar-se conta disso, desejou veementemente a mesma regalia. Ter um espaço físico seu, como as meninas da sua idade, representava aproximar-se delas. Simbolizava uma tentativa de igualar-se às outras, busca muito constante durante a adolescência.

Ao mesmo tempo, ainda que ter um quarto exclusivo representasse aproximar-se de suas amigas, ter um espaço só seu escondia outra necessidade. Era no seu abrigo que Ana poderia ser ela mesma, tranqüilamente, sem a interferência de ninguém, com todas as suas peculiaridades. Lá, poderia viver suas excentricidades, para o seu alívio.

A percepção de Ana quanto às suas diferenças tomou uma forma assustadora e toda a família mobilizou-se para conter a crise. A avó cedeu seu espaço e foi para o quarto junto com os irmãos de Ana.

Todos abdicaram um pedaço, a fim de que ela pudesse ter o seu próprio canto, que se tornou o seu mundo. Tentou-se, assim, tirar Ana do marasmo, da escuridão.

*Durante muito tempo, meu quarto não era só meu. Minha avó dormia comigo e eu detestava. Quando eu estava com a sonda, nem quero lembrar, minha mãe resolveu reformar o quarto para mim. O quarto ficou, então, somente meu. E tinha tudo que eu gostava: bichinhos de pelúcia, anjinhos, DVD, TV, aparelho de som. Hoje, tenho, além do quarto, também um banheiro só meu. Eu ponho as coisas do jeito que eu quero; arrumo meus armários do meu jeito. Sou muito chata e não deixo ninguém mexer nas minhas coisas.*

*Minha cama é o máximo (bi-cama); tenho fotos do meu ídolo, Leonardo, pelo quarto todo; um quadro com as medalhas que já ganhei no esporte e troféus na prateleira. Gosto de ouvir meu som e ver os meus DVDs. Já convidei minha mãe para dormir comigo na bi-cama. Já convidei também a Rose, minha prima. No meu quarto só entra quem eu quero. Lá é meu mundo.*

O quarto ficou muito bonito e, para ela, é um mundo imaginário e fascinante. Tudo que está lá dentro é somente dela, intocável pelos outros. Quando não está em casa, o quarto fica fechado, para todos. Para ela, isso significa um direito único e exclusivamente seu, de impedir que as demais pessoas conheçam indevidamente seus sentimentos ali expostos. Seria invasão de privacidade.

Apesar de ter um quarto somente seu, o banheiro ainda era de uso compartilhado com os irmãos, o que muito a incomodava. Dividir, para ela, era uma coisa muito difícil. Desde 2006, a família mora em uma casa na qual Ana tem um quarto e um banheiro só para ela. Porém, a sua insatisfação permanece, buscando um espaço maior, uma casa só dela. Parece que Ana busca cada vez se isolar mais.

*Nossa! Como sofri sabendo que ia mudar de casa... Para onde eu ia? Como seria o meu novo mundo? O meu porto seguro? Depois de muita angústia, mudamos para uma casa superlegal. O meu novo quarto é o máximo. Foi o primeiro lugar que a minha mãe arrumou na casa nova. Encontrei meu mundo. Ah!!! Ele tem a minha cara, o meu jeito. Tenho um banheiro só para mim e muitos armários. Tenho também um terraço. Mudamos para uma rua tranqüila e gostosa. A casa está muito bonita e tem um ótimo astral, ambiente leve e alegre. Para completar, ganhei dois cachorros da raça yorkshire que são minhas paixões. Chamam-se Sky e Tobi. Adoro eles! São meus bebês. Mas eu não limpo nada que eles fazem, só fico com a parte boa de brincar. Estamos todos muito felizes na casa nova.*

*Aqui estou em diferentes momentos importantes: encontrando meus cantores prediletos e com meus queridos cachorros que adoro!*

# 7 VIAGENS COM MINHA FAMÍLIA

Antes da crise de 1999, Ana acompanhava a mãe e irmãos em viagens para qualquer lugar, fosse para uma cidade próxima, fosse para um país distante. Era algo que a animava e costumava ser a primeira a estar de malas prontas. Divertia-se com a possibilidade de aprontar em lugares diferentes e encantava-se com a idéia de estar exclusivamente com a família, saindo da rotina do dia-a-dia. Aos poucos, entretanto, passou a sentir-se insegura longe de sua casa e as viagens foram tornando-se cada vez mais curtas, até que optou por não mais participar delas.

*Sabem... Antigamente eu gostava de viajar com minha família, mas passei um tempo querendo distância. Preferia não ir, sempre achava que ia atrapalhar. Uma vez, desisti de ir para Comandatuba, na Bahia, mesmo sabendo que minha mãe estava com tudo pago. Numa outra oportunidade, quis voltar depois de ficar apenas um dia em um hotel em São Pedro, interior de São Paulo. Às vezes me arrependo de não ter ido, de não ter aproveitado para conhecer os lugares, mas não sentia vontade de ficar visitando museus e igrejas...*

*Se tem um lugar que eu gosto e no qual me sinto bem, esse lugar é os Estados Unidos, ou melhor, a Disney. Isso porque lá é um mundo bom, onde só tem coisas boas, não tem nenhum problema. É só entrar e se divertir em todos os brinquedos nos parques de Orlando. Gosto de falar inglês, de ouvir inglês. Queria ser americana e esquecer o português. Também gosto de ir às compras: há mais variedades de tênis e as roupas caem melhor em mim. A comida americana é deliciosa: ovos mexidos, T-bone steak, milho verde e todas aquelas tranqueiras. Os carros são grandes e confortáveis. Acho tudo mais fácil, mais prático para se aprender. Tudo é mais definido. Adoro os EUA, me sinto bem lá.*

*Tenho uma prima, por parte da minha mãe, chamada Susy, que mora em Miami. Ela é casada e tem três filhos. O Paulinho, o filho mais novo, de 19 anos, tem um problema muito sério: nasceu só com um lado do cérebro.*

*Em outubro de 1993, fui para a Disney com um grupo de amigos dos meus irmãos e, em dezembro do mesmo ano voltei, para Orlando com minha família e a tia Joana, a Camila e a Carla. Tia Joana sempre foi alguém muito querida para mim. Ela era maravilhosa mesmo! Nunca vou esquecer a viagem que fizemos juntas para os Estados Unidos. Como eu adoro ela! Nessas viagens, aconteceram algumas coisas engraçadas.*

*Uma vez, eu estava na Disney e minha mãe falou: "Prestem atenção em mim". Eu, que sou sempre distraída, estava no mundo da lua e não ouvi o que ela tinha dito. A idéia dela era justamente evitar que nos perdêssemos, mas acabei entrando na excursão errada. Fui acompanhando um grupo de pessoas estranhas e nem percebi! Por sorte, minha mãe, que a essa altura já estava desesperada, foi atrás de mim. No fim, todos demos muitas risadas.*

*Numa outra vez, entrei no banheiro do aeroporto com meus irmãos e apertamos todos os botões das máquinas que haviam lá. Uma delas começou a funcionar sem parar, pondo para fora um monte de "tampax". Nós ficamos fascinados, principalmente porque não tínhamos a menor idéia quanto à real utilidade daquele objeto branco e cilíndrico, envolvido em um plástico.*

*Pegamos tudo o que conseguimos e saímos pelo aeroporto gritando: "Mãe, olha o que conseguimos!!!" Minha mãe, quando nos viu, ficou sem saber o que fazer e nos perguntou, um pouco aflita, onde tínhamos conseguido tudo aquilo. "Ah! Nós apertamos um botão no banheiro e 'isso' começou a sair. Mas o que é isso, mãe?" Ela, então, nos explicou que aquilo era coisa de mulher e, nós, instantaneamente, começamos a chorar, porque achávamos que era bexiga! Para encerrar a história, minha mãe ainda teve que comprar uma sacola só para colocar todos os tampax, de tanto que tinha.*

*Isso me fez lembrar que foi lá que fiquei menstruada pela primeira vez. Foi no dia 4 de julho de 1995. Tinha acabado de desembarcar nos EUA. Ai, que situação horrível! Minha mãe disse que eu andava com uma perna numa calçada e a outra perna em outra calçada. Não me conformava com isso. Que coisa mais estranha! Enfim, acostumei.*

*Em 1998, voltei para a Disney. Assistimos à final da copa do mundo: Brasil X França. Infelizmente, perdemos. Nessa vez estava com a perna imobilizada, por conta de uma canelada muito forte no judô. Porém, nada tirava a minha alegria quando estávamos lá.*

Por mais que a idéia de viajar a encantasse muito, ir à Disney deixava-a sempre eufórica. Tudo naquele lugar a satisfazia, desde o idioma falado até a comida, as roupas e, principalmente, os passeios. Por sorte, muitas foram as vezes que a família pôde fazer tal passeio, permitindo que Ana tivesse ótimas recordações. Hoje em dia, esse é o único lugar que a mobiliza para uma nova viagem.

*Em 2005, preferi passar as férias em São Paulo, pois queria escrever meu livro, enquanto mina mãe e meus irmãos foram para a Argentina: Buenos Aires e Bariloche. Todos os dias, telefonava para saber como eu estava e eu contava como tinha trabalhado em meu texto, pedindo que ela também me escrevesse algumas memórias. Por mais que me esforce, nem sempre consigo lembrar de alguns momentos vividos. Afinal, ninguém se lembra de tudo, não é verdade?*

*Quando eu não vou viajar, como dessa vez, fico bem em casa e me sinto confortável, pois ela está respeitando o que quero da minha vida. Afinal, estou acompanhada pelo João, pela Regina, pela Maria, e também pela Vanessa, que prepara as comidas de que eu gosto. Sei que posso contar com eles e, além disso, é uma forma de deixar um pouco a minha mãe descansar. Sei que ela me ama e gosta muito de cuidar de mim, mas entendo que ela precise de um pouco de sossego.*

*Quando minha mãe voltou dessa viagem, fiz uma surpresa e fui até o aeroporto esperar por ela. Dei muitos beijos e abraços em todos eles. Perguntei como eles foram de viagem e eles disseram que muito bem, o que até me animou para pensar em irmos todos juntos numa outra vez! Minha mãe disse que, um dia, vai me levar para Buenos Aires para ficarmos quatro dias, para ver se gosto. Se eu não gostar, podemos voltar antes.*

*Ganhei vários presentes: bichinhos, anjinhos, casaco, chocolate, bala, CD, e até os biscoitos que eles ganharam do hotel. Adorei! Fui dormir contente, no meu próprio quarto. No dia seguinte, acordei e comi todos os chocolates, biscoitos e balas. Estava com uma fome de amor! Nem acreditei que minha família estava de volta e eu poderia brigar de novo um pouco com todo mundo. Na verdade, muito e muito! Adoro essa parte...*

Ana não quer mais viajar com a família e, quando ela decide ir, apesar da alegria que todos sentem por vê-la animar-se com algo, ficam inseguros, pois têm medo que ela desista no meio do caminho, como já aconteceu algumas vezes. Mesmo que façam todos os esforços para agradá-la, nem sempre isso é possível e, em alguns momentos, chega mesmo a ser desgastante.

Um determinado dia, entretanto, Ana virou-se para sua mãe e disse: *"Mãe, você me leva para todos os lugares que você levou os meus irmãos?"* Um pouco surpresa, sua mãe disse que a levaria, mas perguntou-lhe porque ela não ia mais com eles, quando as viagens ocorriam. *"Para não atrapalhar. Eu tenho medo de ter alguma coisa na viagem".* Sua resposta soou como uma punhalada, deixando a família toda muito triste. Ate então, achavam que ela não participava mais das viagens por manha ou ciúmes. Com isso, deram-se conta que Ana é ainda mais consciente que aparenta.

Nesse mesmo diálogo, completou seu pensamento dizendo: *"Só viajo se for para Disney".* Por mais que sua família não compreendesse o sentido de tal comentário, já que dar trabalho poderia acontecer em qualquer lugar e, portanto, lá também, sua fala fazia muito sentido. Para ela, o único lugar no qual sentia-se segura, além de sua casa e seu quarto, era a Disney, onde tinha passado inúmeros momentos felizes ao longo de seu crescimento e, assim, à qual associava alegria, conforto e estabilidade.

No final de 2006 voltou à Disney, onde passou uma temporada muito bem aproveitada. Foi aos brinquedos que gosta, teve perto de si sua mãe e irmãos e voltou bem contente por ter se divertido de verdade.

Quando completou 23 anos, recebeu de presente de aniversário uma viagem para a Argentina, onde viveu uma experiência nova e emocionante: visitou um zoológico onde se podia entrar na jaula dos animais e acariciá-los. Mas não eram animais quaisquer! Tinha leão, macacos, tigre, elefante... Imagine o que é poder fazer carinho na barriga do leão e ele ficar lá, todo derretido?! E do tigre então? De tão encantada que ficou, Ana pediu que sua mãe tirasse várias fotos.

*Que emoção!*                    *Mas foi bem legal.*

Só de ouvir a história, parece algo surreal, mas é a pura verdade. Incrível. Acariciou o tigre e o leãozinho. Deu mamadeira para o leão que tinha quatro ou cinco anos, alimentou os macacos, passeou de elefante e de camelo. Divertiu-se!

# 8 GOSTO DE CELEBRAR DATAS ESPECIAIS

A na adorava suas festas de aniversário. Até 1999, sua mãe convidava os amigos da escola, do clube, os filhos dos seus amigos e os amigos dos irmãos. Eram festas grandes e superanimadas, com temas diferentes a cada ano. Contratava os maiores e melhores animadores. Todo mundo gostava, o sucesso era total.

*Todos os anos minha mãe fazia uma festa surpresa em meu aniversário. Sem eu saber, ela preparava um bolo e uns sanduíches com coca-cola. Sempre teve tudo de festa: bem-casado, brigadeiro e docinhos. A mesa ficava toda enfeitada. Uma vez, minha mãe fez um bolo enfeitado com flores. Ficou tão bonito que, quando eu vi, nem acreditei! Parecia que nem era bolo, de tão bonito que era.*

*Normalmente, vinham alguns amigos e amigas na minha festa de aniversário. Fico contente em ver que as pessoas gostam de mim. Minha mãe fez até um vídeo que narra tudo sobre essas festas. Ela conta que gostava de preparar a festa e de fazer tudo sozinha para, no dia, me fazer uma surpresa.*

*Eu, por minha vez, adoro! E os presentes então! Gosto de ganhar bichinho de pelúcia e anjinho. Minha avó me dá sempre dinheiro, para que eu compre o que quiser. Minha mãe me dá roupas e brincos. Às vezes, sapatos e tênis.*

*Ultimamente, temos saído para jantar no dia de meu aniver-sário. Cada ano em um lugar diferente, mas há sempre bolo de brigadeiro. É um dia em que me sinto feliz.*

Agora, os convidados são as amigas da mãe, que Ana diz serem amigas dela. Ela, na realidade, tem uma ou outra amiga: as gêmeas Mariana e Mara, que estudaram com ela no primário; Juliana, do clube; Carla e Camilinha, duas grandes amigas, que são como parte da família; e alguns amigos dos irmãos que a tratam com muito carinho e atenção. Ainda que seja muito carismática, ela mesma não deseja mais conviver com muita gente, restringindo o seu círculo de relacionamentos para aqueles em quem realmente confia.

*Aqui estou em diferentes momentos de meus aniversários...*
*Até que ficou engraçado!*

Mas ela também gosta de outros momentos de celebração. Normalmente, os *reveillons* eram passados no Guarujá. Ana adorava ver os fogos da meia noite e depois dar uma volta com Maria e Regina. Por mais que dissesse não gostar muito, Ana divertia-se bastante nessas ocasiões, pois eram momentos de descontração familiar e, normalmente, as suas amigas iam também, o que significava mais bagunça.

*No Ano Novo, sempre assistimos aos fogos de artifício do Rio de Janeiro pela TV e aos shows e programas especiais, bebemos champanhe e comemos marzipan. Lembro de um ano em que choveu muito no reveillon e nem soltaram os fogos, como de costume. A chuva estragou tudo. Vimos na TV que, em muitos lugares, os fogos não acenderam porque ficaram molhados. Ficou meio sem graça: Ano Novo sem fogos! Na verdade, para mim, Ano Novo é sempre chato: sempre as mesmas coisas. Não muda nada. As pessoas na praia, os fogos, os mesmos programas na TV, tudo chatíssimo.*

*Esse ano eu queria que mudassem tantas coisas. Se desse... Eu gostaria que todos tivessem paz, saúde e alegria e melhorasse esse Brasil... Que mudasse tudo, que a violência acabasse. Gostaria de ajudar as pessoas que precisam, tirar as crianças das ruas e colocá-las em lugares onde ensinam a paz.*

O Natal era outra festa na qual Ana se divertia muito. Ela gostava da árvore enorme e muito enfeitada, e do Papai Noel contratado para distribuir os presentes. Hoje em dia, o Natal é diretamente associado ao Guarujá. É lá que a família comemora a data com os amigos tia Joana, Marcio, Carla e Camilinha, que há mais de vinte anos convivem com a família, sendo já considerados parte dela. Carla tem 21 e Camilinha, 17 anos. As crianças cresceram juntas, pois a mãe de Ana e tia Joana são como irmãs. Marcio também é um grande amigo.

*No Natal, costumamos ir para o Guarujá. Minha mãe leva as comidas prontas que a empregada faz e nós comemos e bebemos bastante. Se me deixassem eu beberia uma garrafa inteira de champanhe, porque gosto de beber. Também gosto de tomar cerveja, quando me dá vontade. De comida, sempre servem cuscus de camarão e muitas outras coisas. De sobremesa há sempre sorvetes de chocolate, de creme e de morango, além dos doces de fruta. Eu gosto muito, mesmo que me sinta meio entediada por ser sempre a mesma coisa.*

*Lembro uma vez que estava um calor danado e recebemos algumas visitas, amigos da minha mãe que são nossos amigos há muito tempo. Meus irmãos e os filhos deles jogaram guardanapo de papel dentro do banheiro, através da janela. Foi uma bagunça! Aprontaram tudo o que tinham direito! Naquele Natal, eu lembro que recebi vários presentes: um CD, sandália e roupas. Eu dei um outro CD para a moça que trabalhava conosco. Meus irmãos e eu não ligamos muito para os presentes nessa época, ganho um monte também no meu aniversário!*

*Uma vez, passamos o Natal nos Estados Unidos. Foram todos: minha mãe, meus irmãos, tia Joana, Carla e Camilinha. Mesmo que estivesse um frio tremendo, já que o inverno de lá é bem mais gelado do que o nosso, foi tudo maravilhoso, principalmente as luzes das casas acesas, os bichos, o Mickey e a Minie. Ganhamos um monte de presentes, inclusive uma bicicleta pra cada! Imagina só o tamanho das nossas malas na volta! Gostei tanto dessa viagem que até escrevi uma poesia sobre o Natal:*

*Natal...*
*Muitas pessoas não podem viver seu Natal.*
*As mães abandonam os filhos na rua.*
*É uma tristeza! Ninguém ajuda a melhorar o Brasil.*
*Só tem violência. Não tem nada...*
*Estão acabando com o Brasil!*
*Que país é esse que a gente vive?*
*Assim, só vai crescer para baixo!*
*Se eu fosse obrigada a votar com 16 anos, acho que eu iria anular meu voto!*
*Todos estão roubando...*

*Como fazer com os CDs piratas?*
*O que vai acontecer com os cantores?*
*Estão querendo fazer três prédios lá perto da minha*
*casa... E eu vou ficar sem sol?*
*Que governo é esse que permite isso?*
*Natal é esperança...*
*Será que vão tirar as crianças das ruas?*
*Não ter confusão, violência, roubalheira?*
*Será que um dia o Brasil vai crescer e mostrar ao seu*
*povo alguma coisa boa e não somente coisas ruins?*
*Feliz Natal para todos, do mundo todo!*

Atualmente, a família costuma viajar na época do Natal e do Ano Novo, cada vez para um lugar diferente. Sempre foi uma comemoração importante para todos, em especial no tempo em que o avô de Ana era vivo, a festa chegava a reunir mais ou menos duzentas pessoas. Depois de sua morte, sua avó ficou desanimada e deixou de dar a grande festa em casa. Assim, passaram a sair e viajar para algum lugar onde se reúnem.

*O reveillon de 2004 para 2005 passei com toda a família no Guarujá. Nessas férias, vivi uma perda muito grande: minha tia Joana morreu, no primeiro dia do ano. Viemos todos para São Paulo e até fui em seu velório. Sempre vou me lembrar da tia Joana com carinho, pois eu gostava demais dela, que me era muito querida.*
*De 2005 para 2006 minha família foi para o Sul. Não queria ir e resolvi ir para o Guarujá só com a Regina passar o reveillon. Foi muito gostoso. Ela cuidou bem de mim. Minha mãe deve ter ficado com ciúmes dela, mas eu não me importo, até acho graça.*

A entrada do ano de 2005 teve um sabor especial. Ao invés de passar com sua família toda, Ana optou por passar exclusivamente com Regina. Acabou permanecendo vários meses no Guarujá, onde estabeleceu uma rotina de ir a um SPA todos os dias, mesmo sem estar muito gorda. Gostava de ir e fazer a hidroginástica, os tratamentos de corpo e de pele. Ficou por quase quatro meses experimentando uma certa independência de sua família.

O Natal representa um momento de alegria e afetividade, de calor humano a ser compartilhado em família. Em seu sentido religioso, é a renovação do estar e viver a relação com todos os que estão próximos.

Na passagem de 2006 para 2007 todos foram a Miami passar esse tempo com uma prima que mora lá e com sua família. A entrada do Ano Novo foi comemorada na Disney, onde Ana pôde passear nos brinquedos de que tanto gosta.

# 9 | JEITOS DE SER DE ANA

## 9.1 A Esportista

Praticar esportes foi algo que animou Ana desde sua infância. Tinha habilidades para a natação e saía-se muito bem nas competições, ganhando várias medalhas. Com elas, sua mãe fez um quadro, deixando-as expostas em seu quarto, o que a deixava muito orgulhosa. Além disso, nesses momentos interagia quase que naturalmente com seus colegas, o que permitia que levasse uma vida saudável e normal.

*Eu sou uma esportista. Meus esportes prediletos são: natação, hidroginástica e judô. Pratico natação desde pequena e sou boa em todos os estilos; gosto muito de nadar e até já fui a várias competições, tanto no clube, quanto fora dele. Também me destaquei nas competições de judô.*

*Ganhei várias medalhas e diplomas: na natação, em 1997, e no judô, em 1995, 1996 e 1998. Ficava muito emocionada, pois não esperava por nenhum desses resultados. As provas eram 'por tempo', ou seja, não havia vários atletas que pulavam juntos na piscina. Era você com você mesmo, e eles contavam o tempo. Eu conseguia sempre o melhor!*

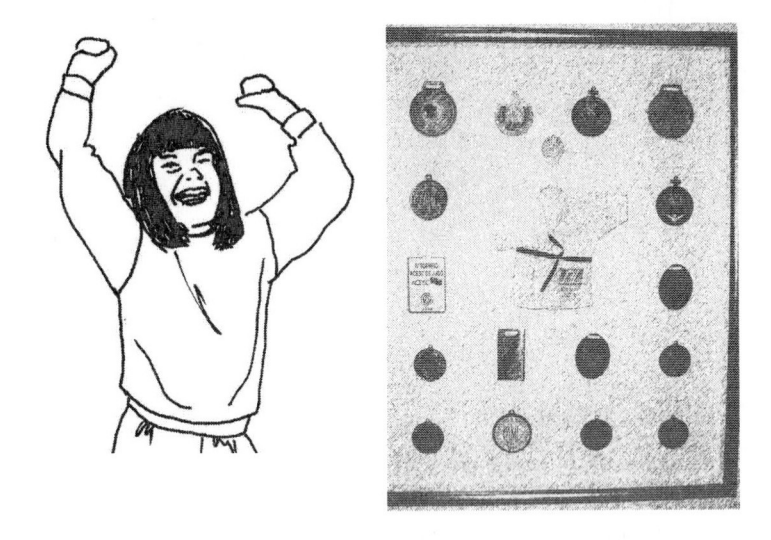

*Vibrei muito a cada medalha que conquistei.*

Quando fui competir fora do clube, conheci várias meninas e fizemos amizade. Eu curtia encontrar com elas nos dias de competição. Elas eram melhores nadadoras do que eu, mas gostava de vê-las nadando junto comigo. Lembro de uma vez em que uma delas chegou em primeiro lugar e, eu, em último. Quando fomos receber as medalhas, abracei as meninas e elas me abraçaram. A medalha que ganhei era de bronze. Fiquei feliz e me senti bem. Quando fomos embora, minha mãe, que tinha tirado fotos de mim, falou que gostou muito de me ver competindo, porque eu tinha nadado super bem. Chegando em casa mostrei, orgulhosa, a medalha para todo mundo.

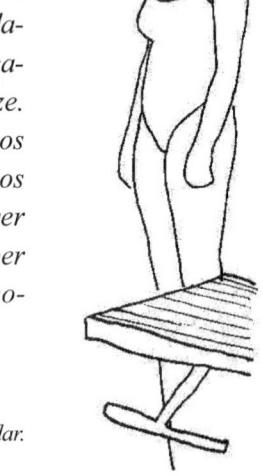

*Aqui, estou preparada para nadar.*

No início, minha mãe não me deixava fazer judô, mas eu nunca entendi direito o porquê. O fato é que insisti um pouco até conseguir. Assim, fiz judô desde meus 11 ou 12 anos. Era a melhor aluna do grupo e até lutei com meus irmãos, de quem ganhei algumas vezes! Na aula, aprendi vários exercícios: dar cambalhota, fazer ginástica, os movimentos dos golpes e lutar. Quando era dia de competição, ficávamos em uma fila esperando... Demorava muito! Só lá pelas 5 horas da tarde o professor chamava para lutar com a menina do outro clube.

Para lutar bem, é preciso ter boa defesa e não deixar a outra menina te pegar e te derrubar. Um dos golpes de que gosto é o 'bananinha': pego o braço da companheira, encaixo minha mão debaixo das axilas e, com força, derrubo ela, que gira no ar e faz 'pohh'! Outro golpe legal consiste em pegar a companheira pelo pescoço com o braço atrás da cabeça. Ela deita a cabeça na frente do meu peito e eu vou girando, forçando o movimento. Consigo derrubá-la rapidinho. Além desse, tem um outro que eu gosto que é assim: pego a roupa da companheira na altura do peitoral e giro minha mão. Ela fica sem equilíbrio e eu aproveito e a jogo no chão.

*E aqui, estou treinando judô.*

*Eu também freqüentava a academia do clube: fazia esteira, bicicleta, aparelhos. Ficava lá um tempão! Tinha bons amigos no clube e poderia até dizer que todos me conheciam. Quando ia de um lugar para o outro, as pessoas me cumprimentavam. Gostava disso. Quando eu não aparecia, as pessoas diziam que tinham sentido minha falta. Encontrava amigas e amigos que me perguntam se estava bem ou se estava chateada. Dizia que sou quieta mesmo. Afinal, nem sempre estava de bom humor, mas adorava estar no clube. Lá podia conversar e dar uma boa saída da minha casa. Era um dos lugares onde eu me sentia bem e feliz!*

*Hoje em dia eu não faço mais nada do que contei. Não sei o porquê, mas peguei raiva do clube e não quero mais fazer esporte algum e nem ir lá. Minha mãe fez para mim, como incentivo, um quadro que está pendurado no meu quarto com todas as medalhas que já ganhei. Adorei o presente, mas não vou mudar de idéia.*

No clube, Ana fez muitos amigos. Acabou ficando bastante popular por lá, pois passava muitos dias, durante um longo período de sua vida, fazendo diversas atividades naquele espaço. Todos cultivavam um carinho especial por ela e, até hoje, quando passa por lá, ainda a chamam e querem conversar com ela. Mais recentemente, entretanto, não sente mais prazer em voltar ao clube.

## 9.2 Cuidados comigo: eu me gosto!

Ana viveu um tempo de transição desde o ano de 1999. É como se fosse um tempo de passagem: de criança para adolescente, quando estava querendo ser moça e até ter namorado! Tudo continuava mudando e o seu maior desejo era aprender a dirigir carro. Pretendia tirar licença para dirigir, se possível ainda naquele ano...

Teve um tempo em que sentia muitas coisas em seu corpo. Ele estava mudando e bastante. Não conseguia compreender o seu significado, nem os médicos conseguiam ajudar. Mas, sempre sentiu necessidade de se cuidar: ir ao cabeleireiro, fazer os pés, a mão, depilação, limpeza de pele e sobrancelha são coisas que a fazem se sentir bem. Quando está chateada, esse é um belo jeito de se sentir melhor! Gosta de cortar seus cabelos bem curtos, quase 'raspados'. Às vezes, deixa crescer um pouco, até ir ao cabeleireiro e cortar bem curtinho de novo. Quando está sofrendo, raspa o cabelo: uma punição para si mesma. Sua identificação com seu aspecto masculino é bem acentuada. Quando era menor, adolescente, não gostava de usar sutiã. Bem, a verdade é que nunca usou.

*Ainda bem que hoje os médicos me deram uma saída: no ano de 2000 eu fiz minha primeira plástica – porque não dava para fazer tudo que eu queria de uma vez só. Meus seios eram enormes e até faziam mal para minha coluna. Da primeira vez, achei bom, mesmo tendo que ficar quieta e de repouso, dormindo de barriga para cima (afinal eu só durmo de bruços). Em 2002, completei o 'serviço', ou seja, fiz a segunda etapa de minha plástica. Foi muito duro, pois precisei dormir de novo de barriga para cima. Para tomar banho era um sufoco: ficava meio dura e morria de medo dos pontos abrirem e eu ficar com uma cicatriz feia. Assim, minha mãe foi quem me apoiou e me ajudou – como sempre, aliás –, me dando banho e mudando o curativo quando precisava. O cirurgião plástico foi legal, até hoje gosto dele. Se um dia precisar fazer uma nova plástica, vou procurá-lo. Afinal, hoje meus seios são bem pequenininhos, quase do jeito que eu queria que fossem.*

*Vou contar um segredo: queria nem ter seios, e nem nada do que faz parte da vida íntima de uma mulher. Mas, sou uma garota e aqui estou tentando aprender a ser mulher.*

## 9.3  Minhas aflições

*Ficar de saco cheio não é fácil. Fico irritadíssima, sem von-
tade de cumprir os combinados. Acabo querendo largar tudo, e
até desistir de fazer as coisas. Mas lá no fundo de mim mesma,
sei que não é isso que eu devo fazer. Sei que quero terminar logo
esse livro, pois ele é a minha grande conquista...*

*Mas, sentir que estou chateada com tudo o que vem atrás
desse projeto não é fácil. Será que as pessoas pensam que eu
não estou sentindo nada? É horrível o que sinto e eu não sei o
que fazer com essa coisa que está dentro de mim. É um troço
grande, parece um inferno da cor preta, pretíssima. Fico presa
nessa coisa e nem sei o que fazer. Em volta dele, tem um pouco
de cada uma das outras cores, mas por enquanto elas são fracas
perto do grande escuro que está lá dentro. O que é que eu posso
fazer para enxergá-lo melhor? Eu não sei.*

*As minhas aflições, além de tudo, não param por aí. É tanto
problema que eu nem sei em que pensar... Fico hipernervosa, querendo acabar com tudo. Acabo tendo até vontade de destruir o meu
próprio projeto! Fiz isso várias vezes, enquanto estive escrevendo
esse livro. Algumas vezes acabei ficando tão furiosa que peguei o
meu livro e destruí. Saí contente, mas de um jeito bem ruim. Sentia
que ficava de tal maneira que ninguém me segurava...*

*Precisava de um tempo bem grande para me acalmar e voltar
a querer escrever meu livro, enfim, voltar para meu projeto. Isso
aconteceu algumas vezes, e daí, eu passava um tempo sem mexer
nele. Só que ele permanecia em meu coração e eu ficava sempre
com vontade de voltar para a Cris e continuar a escrevê-lo...
Era bem difícil, pois isso significava olhar para tantos momentos de minha vida que eu não gostava e não gosto até hoje. Mas,
é essa a minha história e, portanto, preciso olhar, pensar e descobrir em mim como é que tudo acabou ficando em minhas memórias... Assim, estou realmente empenhada em terminá-lo.*

*Sabe, escrever, para mim, ainda é algo bem difícil. Quando estou tentando contar o que acontece, sinto uma raiva danada de perceber o quanto ainda é complicado colocar meu pensamento em ordem. Só a Cris para me ajudar! Tem dia que começo a ver o livro e vem um negócio tão enorme de raiva que eu fico completamente presa nesse sentimento. Me dá ódio de fazer tanto esforço, parece que não vai terminar nunca!*

*Nem consigo dormir à noite. Fico acordada pensando em ter um namorado, e em sair das minhas crises e das minhas dores. Agora, fico sonhando com o dia em que o livro vai estar pronto. Isso me dá alegria, mas estou também comendo um pouco demais. Até engordei!!*

*Vocês nem imaginam o quanto ele está sendo importante para mim!!! Saber que as pessoas vão conhecer meu jeito de viver essa vida, pois foi tudo sempre muito, muito complicado. Tudo era difícil... Aprender a falar, a entender o que as pessoas diziam, e, finalmente, a escrever. Ainda não é fácil, mas eu sei que hoje posso escrever o que eu penso. Cris acaba me ajudando a corrigir um pouco o português, mas eu consigo, de um jeito legal, contar para ela tudo o que tem acontecido em minha vida. Assim, meu livro está se construindo com muito esforço de minha parte.*

*Sinto uma alegria enorme em ver que ele está avançando, mas mesmo assim eu gostaria que ele estivesse pronto. PRONTO, PRONTO, PRONTO!!!*

*Sabem lá o que é ver quase acontecer um desejo de tantos anos! Por isso tenho de continuar, continuar, continuar... Eu quero ter sucesso!!!*

# 10   A Escola

Primeiramente Ana estudou em uma escola infantil no bairro em que morava. Pintou e bordou. Ou faziam o que ela queria, ou começava a gritar. Ana venceu a escola, que não soube impor limites. Foi para outra escola, na qual ficou por cinco ou seis anos. Neste lugar, conheceu as gêmeas, Mariana e Mara, que permanecem suas amigas até hoje. Infelizmente, por não conseguir acompanhar a turma — apesar de se esforçar e ser uma aluna aplicada —, precisou mudar novamente. Ela foi, então, para a terceira escola em poucos anos.

*Minha vida escolar começou mesmo em uma escola grande, com muitas classes. Estudava à tarde e gostava de ir à escola, pois lá eu tinha amigas. A gente brincava bastante e eu sempre fazia bagunça. Fico até com vontade de lembrar mais do que nós fazíamos por lá, mas não consigo, pois era muito pequena.*

*Depois, saí dessa escola e fui para uma outra em que as classes funcionavam por agrupamentos que mudavam todos os anos. Houve um tempo que eu só queria me vestir de menino e aproveitei uma das festas juninas dessa escola para me fantasiar de homem. Adorei. Agora é que estou ficando feminina, embora continue querendo usar o cabelo cortado 'à la homem'.*

*A gente fazia muitas coisas e tinha muitos materiais para os alunos trabalharem sozinhos. Mas as aulas eram chatíssimas,*

*principalmente porque eu não entendia quase nada. Foi aí que
Cris entrou na minha vida e me ajudou a entender as coisas da
escola.*

*Ficava bem chateada de ver os outros passarem de ano e eu
permanecer sempre no mesmo agrupamento. Era tão difícil entender o que as professoras queriam, que nem sei contar direito.
Lembro de ficar tentando escrever as coisas e as atividades, o
que não era nada fácil. Depois, quando comecei a entender um
pouco mais as coisas, tudo foi melhorando. Primeiro, passei da
primeira série - onde tinha ficado um monte de anos -, depois
para a terceira e, mais tarde, para a quarta. Essa mudança foi
muito importante para mim, pois fez com que eu me sentisse uma
vencedora. Foi um tempo em que ficava bem feliz com minhas
descobertas na escola. Tinha amigos e sempre ficávamos brin-
cando juntos. Às vezes, a professora brigava com a gente!*

Naquela época, Ana fazia um esforço muito grande para acompanhar a classe. Precisou de alguém para ajudá-la ali dentro, mais ou
menos como "um amigo qualificado", que a fizesse entender, ao seu
modo, tudo que estava sendo ensinado. Porém, numa determinada
época, ela ficou para trás e foi sugerido que ela fosse para uma escola especializada. Então, Ana foi para uma escola onde só havia cinco
alunos por classe e um estudo mais individualizado. Cada aluno era
um ser especial, com seu tempo respeitado.

*As matérias eram muito difíceis. Eu não conseguia acompa-
nhar a escola e comecei a ficar muito entristecida. Ia para lá e
nem conseguia mais brincar com meus amigos direito. No final
do semestre, eu queria qualquer outra coisa que não fosse aquilo. Era MUITO, mas MUITO difícil MESMO.*

*Foi aí que um dia, no mês de julho, minha mãe me levou para
conhecer uma escola que Cris tinha indicado. Era uma escola
diferente. Lá, tinha alunos que, em sua vida, também tinham*

*passado por outras escolas, mas que não tinham se dado tão*
*bem nelas. Sabe... Aprender é importante. A gente descobre vá-*
*rias coisas na vida. Sem saber ler e escrever, você fica analfabe-*
*to! E eu, mesmo tendo dificuldades, queria poder aprender mais.*
*O mais legal é que, nessa nova escola, todos os alunos eram*
*respeitados no seu jeito de aprender. E eu consegui, com meu*
*próprio esforço, passar de ano de novo.*

*Antes disso, quando cheguei nessa nova escola, fiz uma avali-*
*ação e qual não foi a minha surpresa ao ver que poderia ir para*
*a quinta série direto. Assim, em agosto daquele ano tão difícil, fui*
*direto para a escola nova e também para a quinta série!*

Nessa nova escola, Ana adaptou-se muito bem. Era uma escola
especializada, preparada para lidar com crianças diferentes como ela.
Seus colegas também tinham passado por outras experiências e cada
um tinha uma história bastante peculiar. Ana sentiu um ambiente de
confiança onde as suas características não a incomodavam tanto; o
normal era, justamente, ser diferente. Fez muitos amigos, brincou
bastante e, mais do que isso, aprendeu muita coisa, o que a deixava
satisfeita e orgulhosa. Com o apoio da família e da psicopedagoga e
arteterapeuta, empenhou-se em tirar boas notas e fazer ótimos trabalhos, que eram sempre muito elogiados pelas professoras.

*Foi um tempo de muita felicidade. Fiz milhões de amizades.*
*Todos na escola gostavam de mim. Quando eu tinha lição de*
*casa, fazia ainda no colégio, na hora do recreio. Terminava*
*tudo de uma vez e fazia sozinha! Quando voltava para a sala,*
*falava para as professoras que já tinha feito a lição e elas me*
*davam parabéns, e ficavam muito orgulhosas de mim. Naquela*
*escola, me sentia querida e gostava muito de estudar. Tirava*
*sempre notas boas, porque me esforçava muito. Assim, nota dez*
*era minha meta, que eu atingia muitas vezes. Era a melhor alu-*
*na da classe!*

*Naquele ano, terminei tudo da quinta série e passei para a sexta. Foi um ano bem legal. Tinha um grupo de amigos na classe e de todas as outras salas também. Quando tinha aula de espanhol, uma amiga nossa gritava tanto que não deixava ninguém estudar. Nossa farra era não deixar ninguém estudar! Não éramos mais crianças, mas queríamos bagunçar bastante!!! A professora pedia para parar e ninguém parava. Houve um dia que até precisou chamar a diretora, que reclamou com todo mundo. Quando ela foi embora, entretanto, todo mundo continuou com a bagunça. Eu também, é claro! Aprendi que é gostoso fazer bagunça em grupo. Na verdade é uma delícia! Quando acabava a aula de espanhol, íamos para casa. Ainda bem, porque a gente não gostava dessa aula.*

*Teve um dia em que eu precisava fazer um trabalho em grupo, era uma maquete. E eu adorei fazê-la! Fui comprar todo o material com o João, meu fiel guardião, e fiz uma maquete sozinha em casa. Tinha bichos e pessoas andando pela rua de uma cidade. Os carros iam 'para cá e para lá'. O tema era esse. Levei na escola e todo mundo gostou, só a professora de história que não. Ela disse que era para fazer em grupo e não sozinha. Não me importei muito com isso, porque todo mundo gostou e perguntou quem tinha feito. Eu disse que tinha sido eu, muito orgulhosa de mim mesma.*

*Lá na escola eu tinha amigos legais. Tinha uma menina bagunceira, que não fazia nada, nem lição de casa. Ela saía no corredor e só fazia bagunça, então, todos os meus colegas faziam bagunça também, menos eu. Nem sempre eu gostava de participar da zoeira, mesmo que me divertisse muito em outros momentos. É que, algumas vezes, não conseguia estudar em paz e ficava com o saco cheio. Pedia para a professora para dizer para eles pararem, mas não paravam. Eu, então, ficava quieta: eles falavam comigo e eu não respondia nada, só ficava quieta, brava e não dava nem bola.*

*Tinha outros amigos também, como o Júlio, por exemplo. Ele arrotava na sala e ia o tempo todo ao banheiro. Era nojento. Na hora do recreio, todo mundo pedia para ele parar de dar arroto, mas ele não parava. Na hora de estudar ele dormia na sala. Na verdade, era uma epidemia. Todos dormiam na sala, menos eu. Ninguém queria saber de estudar. A professora falava: levanta todo mundo! Não adiantava nada. Aí, ela dava um pito; aí sim, adiantava. Os alunos xingavam a professora, mas também faziam o que ela mandava. Mas eles eram muito preguiçosos e ninguém queria copiar a lição de casa. Até pediam para não ter lição de casa. A professora falava: "Não, não, não. Vai ter sim". Eles ficavam bravos e chateados, mas faziam a lição. Eles não viam a hora de ir embora para casa, porque ficavam entediados de ficar lá, dizendo: "Finalmente está na hora de ir embora". O motorista chegava e eles iam embora. Eu também ia, mas era uma das últimas a ir, porque meu motorista ia pegar meus irmãos primeiro. Só depois é que vinha me pegar.*

*Chegava em casa e já fazia a lição de casa, terminava rápido. Meus irmãos não faziam as tarefas e minha mãe tinha que ficar no pé deles. Isso acontece até hoje! Minha mãe também me ajudava a fazer os trabalhos da escola. Eles ficavam maravilhosos e as professoras até reclamavam. Mas a verdade é que eu não conseguia fazer sozinha e minha mãe me ajudava para que eu me sentisse mais capaz.*

*Português e história eram as piores matérias pra mim, pois eu não conseguia ler tão bem naquele tempo. Com a matemática, só fui pegando a prática depois. Eu também não era tão boa.*

*Tinha alguns professores que eram chatos e dos quais eu não gostava. A professora de português era uma delas, ficava dando coisas muito difíceis que ninguém gostava de fazer. Quando eu chorava, ela dizia: "Ana, calma". Quando eu não conseguia acompanhar o exercício, ela me ajudava. Mesmo assim, não lembro o nome dela, nunca soube, eu acho. Chamavam-na*

*de professora. Um dia, em sua aula, a luz acabou e não conse-*
*guíamos enxergar direito o que ela escrevia na lousa, mesmo*
*que a nossa sala fosse clara. Esperamos um bom tempo até que*
*a luz voltasse e conseguíssemos acabar o exercício.*
*Teve até um dia em que eles passaram um vídeo e eu dormi,*
*foi bem difícil de me acordar...*

Tudo estava correndo bem, até Ana ficar doente, em 1999. Mesmo estudando em um lugar especializado, com crianças semelhantes a ela, a crise acabou se instalando. Por volta de 2002, Ana fez uma avaliação com uma neuropsicóloga que diagnosticou um quadro de *stress*, ocasionado possivelmente pelo esforço excessivo despendido durante todo o período escolar, quando buscava ao máximo provar que era capaz. Hoje, abandonou tudo e não quer saber mais de estudar. Foi-lhe sugerido um curso profissionalizante, até para sua própria sobrevivência no futuro. Ela, entretanto, diz não querer nada. Foge de qualquer responsabilidade, com medo de falhar ou de pensar que poderão debochar dela.

Atualmente, sua dificuldade é real. Como adulta, pela idade que tem, mantém um pensamento concreto e apresenta falhas de memória. Por vezes se apercebe que não se lembra de algo e se sente mal. Podemos dizer, muito inquieta. Entretanto, seu desejo de continuar a aprender se mantém vivo: quer fazer supletivo. Talvez esse seja um caminho, pois poderá fazê-lo com nossa ajuda, no seu tempo. Esse é um novo projeto a ser construído.

# 11 TEMPO DE DOENÇA

A té 1998, Ana viajava, tinha amigos, era convidada e dava festas, fez a primeira comunhão junto com o grupo... Enfim, tinha uma vida boa e animada, apesar de ser um pouco tímida. Até que, de repente, se afastou do mundo. Não queria mais saber de nada nem de ninguém: afundou-se num abismo profundo através de uma crise de abstinência alimentar. Nessa ocasião, nada a tirava da escuridão. Foi muito difícil. Foram momentos complicados e de muito sofrimento, nos quais Ana não queria mais viver e tampouco enfrentar suas próprias limitações.

*Passou-se um tempo em que acabei parando de estudar porque fiquei sem vontade de fazer nada. Fui deixando de comer e comecei a sentir muitas dores na barriga. Fui a um novo médico neurologista, que achou que eu estava bem e me mandou de volta para casa. Nunca vou me esquecer do dia em que eu decidi parar de comer. Nem sei mais porque é que eu fiz isso.*

*Chegaram o Natal e o Reveillon e, como sempre, fomos para o Guarujá. Estava lá, sentindo minhas aflições e passando mal à beça. Continuei sem vontade de comer nada... Acabei voltando para casa. Tudo estava difícil e eu estava triste com o fato tudo isso estar acontecendo na minha vida. Eu só aceitava os remédios pela boca e eles não ajudavam em nada a me sentir bem. Ficava nervosa e passava mal. Minha mãe ligava para a*

*Dra. Patrícia, a médica, e pedia para ela me dar um remédio que funcionasse. Mas não adiantava nada. Não conseguia dormir direito, ficava acordada o dia e a noite inteira, levantando a todo instante para pedir remédio. A Dra. Patrícia me dava os remédios e eu ficava bravíssima, pois tudo dava errado. Telefonava para ela o dia inteiro. Falava o que eu sentia e ela dizia: "Fica calma, Ana. Isso vai ser resolvido". Eu escutava tudo o que ela me falava, mas nada se resolvia, como ainda não se resolveu até hoje!*

*Estava bem fraca, fraca mesmo. Cris vinha na minha casa para me visitar e para me dar força. Mas eu já estava bem ruim: ficava sentada o dia todo e não conseguia me movimentar. No carnaval, piorei ainda mais e acabei sendo internada, pois a Dra. Patrícia achou que eu estava desnutrida.*

*Foi horrível ficar no hospital com todo mundo cuidando de mim, me dando remédio e tentando fazer com que eu comesse. Mas eu não comia nada, não queria comer, queria acabar com a minha vida, porque é muito chato viver. Na noite de minha internação estava magrinha, com 50 quilos. Mas queria chegar aos 40 quilos. Minha pele até cheirava a acetona... Estava bem mal. Fiquei cerca de quinze dias internada, o que, para mim, pareceu uma eternidade. Durante os dias em que fiquei lá, minha mãe foi ótima, pois me deu muita força. Meus irmãos trouxeram bichinhos de pelúcia para me alegrar. Adorei os bichinhos, mas não resolvi comer. Nem os pães de queijo que minha amiga Regina levou ou os lanches do McDonald's que os meus amigos levaram em uma mala cheia eu quis comer!*

*Minha avó, as amigas de minha mãe, a Dra. Patrícia e até Cris iam me visitar. Não lembro bem se meu pai foi lá, acho que sim. Cris chegou a passar a noite comigo, de mãos dadas... Eu me senti bem. Somente com minha mãe eu me sentia tão bem! As enfermeiras eram legais e faziam qualquer coisa para mim, desde que a médica deixasse.*

*Todo mundo tentou, de verdade, me fazer mudar de idéia. Como se passaram dez dias e eu não comia de jeito nenhum, acabei voltando para casa com uma sonda enfiada em meu nariz. Era uma sensação desagradável ter aquele troço em meu nariz, mas eu não ligava... Só ficava sentindo as mil dores que estavam em meu corpo e não queria comer. Até a água eu recebia pela sonda! Ficava em casa e não queria sair de jeito nenhum, por causa da sonda. Eu me sentia estranha, com o tubo que entrava pelo nariz e chegava dentro do estômago. Aquilo me atrapalhava para fazer tudo o que queria fazer na minha vida, me machucava e eu sentia muitas dores. Às vezes, até dava umas saídas, mas sempre com aquele troço no meu nariz. O tempo foi passando e foi engraçado, pois fui me acostumando demais com a minha nova companheira: a sonda!*

*Cuidava dela, pedia para que a limpassem e dava chiliques quando percebia que algo estava meio estranho com ela... Os dias foram passando e acho que fui me acostumando com o fato de que, de quatro em quatro horas, eu recebia minha "gororoba", que acabou até sendo "querida gororoba", pois era ela quem me mantinha viva. Todo mundo ficou à minha volta, preocupando-se comigo, dando um monte de atenção. Assim, fiquei com a sonda durante cinco meses e meio.*

*Muitas coisas aconteceram naqueles meses. Cris vinha em minha casa para conversar comigo. Eu mal me levantava da cadeira, sentia sempre muitas dores e não queria fazer nada. Nem comi o bolo de meu aniversário, em abril. Eu era teimosa de verdade! Cris me levou para comer na Pizzaria Cristal, mas eu não quis experimentar nadinha da pizza que ela pediu. Fiquei olhando e olhando, estava com sonda e tudo. As pessoas olhavam para mim e eu nem ligava... Voltamos para casa e recebi minha gororobinha!*

*A tal gororoba era feita com uma receita de uma nutricionista. Não sentia gosto nenhum, só ficava alimentada. As pessoas em*

*casa insistiam para que eu voltasse a comer. A Dra. Patrícia, por*
*sua vez, disse que precisaria de uma nutricionista para que eu*
*reaprendesse a comer. Assim, fui vivendo, dia após dia, aquela*
*rotina que nem lembro mais direito. Preciso que as pessoas falem*
*para me lembrar um pouco de como foi. Acho que, no fundo,*
*acabei querendo esquecer aquele tempo; mas, agora, estou ten-*
*tando lembrar de tudo para poder contar, aqui no livro, o que*
*aconteceu dentro de mim.*

Nada fazia Ana mudar de idéia. O remédio não tomava, a terapia não queria, o médico ela xingava. Com o gênio muito forte, não
via meio termo. Sua mãe, aflita, já não sabia mais a que recorrer,
até que teve a idéia de conversar com a arteterapeuta e apresentá-
la uma realidade ainda pior, numa tentativa desesperada de tirá-la
de tal situação.

*Na opinião de minha mãe, eu precisava levar um choque gran-*
*de para cair na real e voltar a comer. Assim, minha mãe conver-*
*sou e combinou com Cris para que ela me levasse lá para conhe-*
*cer como é que funcionava uma clínica psiquiátrica. Saímos num*
*domingo, sem que eu soubesse para onde iríamos, e conheci a*
*clínica. Era dia 12 de junho de 1999.*
*Fomos de carro e, ao chegar lá, entramos para conhecer*
*como é que era. Entramos no salão e, depois, fomos ao quarto e*
*também às salas de atendimento. Cris perguntava como eles fun-*
*cionavam e eu me sentia muito mal. Nem queria ouvir direito.*
*Saímos de lá. Levei um baque! Senti que precisava tomar uma*
*decisão e foi nesse dia que resolvi voltar a comer. Foi uma deci-*
*são minha, minha mesmo. Se não voltasse, eu ia ser internada*
*em um outro hospital; o hospital psiquiátrico, que tinha acaba-*
*do de conhecer, tinha detestado. Saí de lá assustada!*
*Para completar, quando saímos da clínica psiquiátrica, a*
*bateria do carro de Cris acabou e, de repente, o carro não*

*andou mais de jeito nenhum. Tivemos que largar o carro lá e chamar um táxi. Fomos esperar o táxi num lugar que fazia pizzas e, enquanto esperávamos, Cris, que estava com fome, pediu uma. Não quis nem ver a tal da pizza enquanto ela comia... O táxi chegou, fomos até a casa dela e pegamos emprestado o carro da filha. Ela ficou contente em encontrar um carro em casa e me levou de volta para a minha casa.*

*Em casa, contei para a minha mãe tudo que tinha acontecido, até que o carro de Cris não funcionava e que pegamos o carro emprestado da filha dela. Conversei bem sério com ela e falei que tinha tomado uma decisão: ia voltar a comer. Naquela noite comi um pouco de sopa.*

*Telefonei para Cristina para contar e ela ficou toda feliz; depois, contei para todo mundo lá de casa. Minha mãe até chorou de alegria. Telefonei para a Patrícia também, e para todas as minhas amigas. Foi um dia importante, pois acabei, assim, com um período de sofrimento. Novamente, poderia ficar feliz com a minha família.*

*Na segunda-feira, fui ao consultório da Dra. Patrícia, que retirou a sonda. Nunca mais precisei dela!* <u>*Era dia 13 de junho, dia de Santo Antônio.*</u> *Quando a Dra. Patrícia tir ou a sonda, ela puxou devagar, e eu achei que ia vomitar . Fui no banheir o limpar meu nariz que estava imundo. A sensação que eu tive antes de tirá-la foi de medo: medo de tirar a sonda e vomitar . Mas quando tir ou, me senti muito bem, nem sei o que falar . Era um misto de alívio e alegria, até de liber dade. Foi tão mais gostoso sentir o ar entrar pelo nariz sem aquele tr oço!*

*Uma das coisas que posso dizer dessa história toda é que eu acabei gostando da Dra. Patrícia. Ela tentava ser paciente comigo, e eu sentia que ela gostava de mim, além de ser muito carinhosa. Passei um tempo sem me consultar com ela. Naquele primeiro ano, ela me telefonou na semana antes do Natal, para se despedir de mim. Eu queria ter ido lá para desejar-lhe Feliz Natal.*

*Nunca vou esquecer do carinho e da força que ela me deu: Valeu Patrícia!*

Escolher retirar a sonda representou, para Ana, o corte do cordão umbilical que a levava de um estado de dependência absoluta para uma dependência relativa. Efetivou, dessa maneira, as tarefas do bebê conforme Winnicott descreve: personalizou, realizou e integrou tantos aspectos de seu desenvolvimento neste momento em que se assumiu pela vida, a sua vida.

# 12 | MINHA EXPERIÊNCIA NA CLÍNICA PSIQUIÁTRICA

A na sentia muitas dores e desconforto que se traduziam em suas alterações de humor e comportamento. Os médicos receitavam cada vez mais remédios ou trocavam o tipo de droga. Suas queixas giravam principalmente em torno das dores estomacais, que médico nenhum conseguia diagnosticar. O que eles não compreendiam é que todas essas dores, de cunho psicológico, não eram visíveis para eles, mas eram muito reais para Ana.

Chegou uma hora em que ela estava praticamente intoxicada por todas essas substâncias, de modo que não se sabia se estavam ajudando ou atrapalhando. O neurologista resolveu que o melhor seria diminuir paulatinamente todos os remédios e, para isto, sugeriu que seria mais seguro se fosse feito com acompanhamento clínico, isto é, em uma clínica, resultando na primeira internação.

Ficava em um quarto sozinha, o que a fazia sentir-se péssima. Ela, que queria tanto ter seu próprio espaço, seu canto, agora precisava submeter-se à regras totalmente diferentes das que estava habituada. Não podia sequer trancar a porta, pois eles é que trancavam tudo. Tinha um banheiro, mas sem nenhum luxo. Dizia: *"Se ao menos tivesse um vidro de tudo que se precisasse no banheiro..."* Queria ter seu próprio xampu, seu sabonete cheiroso e sua esponja de banho. Mas, nada feito!

*A clínica era uma prisão. Lá, ficava trancada, sem poder sair para nada. Tinha regras para tudo: para dormir, para acordar, para comer! Tinha que comer o que serviam: frango e outras coisas que detesto. Dizia que não ia comer, e mandava tirar o prato porque não queria saber de nada daquilo. Até a roupa que levavam era revistada! Olhavam tudo e diziam o que podia e o que não podia fazer. Várias outras pessoas também estavam internadas. Fiz uma amiga que era bem magra e fumava muito. Gostava de conversar com ela, de falar sobre como estávamos. Acabamos nos conhecendo bem, já que ficávamos lá o dia todo, mas faz tempo que não nos vemos.*

*Durante o dia, havia atividades: um tipo de 'conversação', como a que fazia com a psicóloga, pintura, desenho e, daí sim, podia desenhar o que quisesse e ninguém falava nada. Se quisesse fazer um búfalo fazia, se quisesse outra coisa, fazia... Mas o que queria era que todos que trabalhavam lá sumissem, acabassem e, assim, poderia sair e voltar para casa.*

Em outros momentos, precisou ser internada novamente, a fim de garantir a segurança da própria Ana, assim como a dos que a cercavam, pois seu comportamento explosivo e inesperado não era possível de ser controlado. Entretanto, sentia-se tão mal que não gosta nem de pensar em ter que voltar àquele lugar um dia!

*Tem dia que acordo aflita, nervosa e agitada. Parece que tudo é muito ruim e nada vale a pena. Sinto que nem eu me agüento, imaginem, então, as pessoas que convivem comigo. Brigo, respondo e xingo quem estiver na minha frente. Fico de mal com o mundo e até me torno agressiva, mas a verdade é que estou muito mal por dentro e não sei como melhorar tanta raiva e aflição. Parece que um terremoto maior que qualquer coisa acabou comigo. Não tenho nenhuma explicação.*

*Na verdade, eu fico mal, mas muito mal mesmo. Meu corpo fica todo cheio de dores e ninguém consegue resolver. Resolver, resolver, resolver... Parece tão longe! Fico num enrosco danado, presa, sem conseguir sair, e o pior é que nem tenho forças ou vontade de me soltar.*

*Teve um dia em que peguei a chave de casa e senti vontade de fugir. O segurança me viu saindo e tentou me segurar, mas saí correndo pela rua. Nem olhei para onde estava indo, atravessei várias ruas, sem nem olhar se vinha carro. Entrei em um restaurante para ir ao banheiro e continuei correndo. Corri bastante, a manhã inteira. Quando cansei, peguei um táxi que me levou para casa. Lá, me tranquei no quarto e não queria ver ninguém...*

*Passou-se um tempo e fui falar com a minha mãe. Pedi desculpas e senti que ela me perdoou, mas como estava muito chateada e preocupada – como todos lá em casa – , me colocou de castigo. Comecei a berrar e a xingar novamente. Assim, recomeçou o ciclo: bronca – castigo no meu quarto – não obedecer... De tarde, saí para ir conversar com o psiquiatra: lá viria ele com mais remédios. Sinto raiva de ter que tomar remédio todo dia.*

*Naquela época, eu estava muito revoltada com tudo que estava acontecendo na minha vida e minha vontade era mesmo de sumir. Acabei fugindo de casa mais uma vez. O João, meu guardião, foi atrás e me trouxe de volta. Nem sei como ele conseguiu ter tanta paciência comigo, porque estava muito brava e aprontei de tudo no carro – quase o fiz bater!*

*Por que só eu? Teve um dia em que joguei todos os remédios na privada e dei um basta: não vou tomar mais nada. Mas não podia acontecer dessa forma, pois, afinal, sei que eles me fazem sentir melhor, por mais difícil que seja admitir isso.*

Tentando solucionar as suas dores, inúmeros eram os remédios e tratamentos oferecidos à Ana. O mais difícil mesmo era descobrir aquilo que era invisível aos olhos alheios, embora muito real e

doloroso para ela. Na tentativa de encontrar uma solução, buscava-
se um médico que acertasse a dose e, entretanto, cada médico novo
trazia um diagnóstico diferente, acreditando na sua própria teoria e
receitando novos medicamentos. Parecia um tiroteio no escuro, ninguém acertava nada. Era uma mistura de calmantes com
neurolépticos, com reguladores de humor... E ela só ficava pior. Até
que o Dr. Fumaça resolveu interná-la para desintoxicá-la e dar o
mínimo de medicação possível, quando finalmente pareceu estar
dando certo.

*E lá fui eu conversar de novo com meu médico psiquiatra.
Desta vez, ele achou melhor que eu fosse novamente para a clínica, para me acalmar. Estive nesta clínica para fazer um tratamento de desintoxicação, uma vez em que fiquei tão impregnada
com remédios, que engordei, meus seios ficaram com leite e eu
me sentia como um robô. Tenho ou não razão de não querer
tomar remédio?*

*Pois é, voltei e lá fiquei por mais um tempo. Na verdade, aca-
bei ficando mais revoltada ainda. Meu ódio cada vez cresce mais
e, dentro de mim, não vou perdoar o médico nunca.*

*A verdade é que tenho sentimentos ruins que não consigo
explicar e nem controlar. Fui internada porque era necessário,
mas não gosto nem de pensar em ter que voltar àquele lugar um
dia! Sofri muito naquele ambiente em que me sentia sozinha, desesperada, sem escolha, onde me prenderam, me amarraram e
me deram injeção para me acalmar...*

*Tenho medo que alguém faça alguma coisa contra mim e de
ser internada outras vezes na clínica psiquiátrica. Eu já fui internada várias vezes. Sofri muito. Não agüentava o ambiente e
me sentia sozinha naquele mundo, desesperada, sem escolha.
Fui internada porque precisei ser internada.*

*Muitos anos se passaram e muitas coisas aconteceram, para
pior! Fiz um tratamento no Hospital das Clínicas, de*

*eletroconvulsoterapia. Minha mãe insistia que eu o fizesse. Fiz, mas eu não quero repetir nunca mais. Desde que fiquei impregnada com remédios, engordei muito. Fiquei com ódio do Dr. Fumaça, que estava me atendendo. Foi ele quem me internou várias vezes naquela clínica onde me amarraram para que me acalmasse. Dentro de mim não vou perdoar ele nunca, meu ódio cada vez cresce mais. Não quero mais médico homem, só mulher. Elas me entendem. Enfim, só tenho confiança em médicas mulheres! Já tive médicas e médicos. Sabe, as experiências que tive com médicos homens, não gostei muito. Apesar de saber que queriam o meu bem, mas me marcaram muito. Vou dar um exemplo: eu tinha um médico que me impregnou de medicamentos. Aí a minha mãe mudou de médico e esse pegou e me internou para me desintoxicar. Eu não gostei de ficar na clínica. Aliás, qualquer relacionamento com o sexo masculino não dá muito certo comigo. Talvez seja pela falta de relacionamento com o meu pai. Por isso eu prefiro médicas mulheres. Eu me sinto bem sendo tratada por elas. Elas me compreendem, me dão carinho, amor, respeito, etc. Não quero nunca mais médicos homens.*

# 13 | NOVOS DESAFIOS E DESCOBERTAS

*Ufa! Agora sou maior de idade!!! Nunca quis tanto uma coisa como ser maior de idade. Mas, o que mudou? NADA, absolutamente nada... Só fiquei mais velha cronologicamente. Eu não sei por que tinha a fantasia de que, ao fazer 21, anos muita coisa ia mudar. Não estou falando do ponto de vista jurídico, estou me referindo ao dia-a-dia. Ilusão... É melhor eu não determinar mais datas. Enquanto as coisas acontecem, eu vou vivendo cada acontecimento sem me preocupar com o tempo. Afinal, cada um tem seu tempo.*

A trajetória que Ana percorreu não foi fácil em momento algum. Entretanto, aos 23 anos, surgiu uma novidade que a transformou ainda um pouco mais. Não bastando as suas questões com o próprio corpo, feitas e refeitas durante toda a sua vida, descobriu-se em Ana uma doença grave, o Linfoma de Hodgkin, uma forma de câncer originada nos gânglios do sistema linfático. Mais uma vez, a família toda mobilizou-se em função de uma nova realidade que se formava, um "chute no peito". Sentiram-se de ponta-cabeça!

Não bastando o que vinha acontecendo com ela, Ana ainda teve que enfrentar a operação da avó Claudia, que é tão especial para ela. Havia muitos anos que apresentava grande dificuldade para andar, o que culminou na necessidade de colocar uma prótese nos dois joelhos, aos 81 anos. A possibilidade de perder uma pessoa tão querida a deixou muito assustada e ficou completamente mobilizada em ajudar a avó no que quer que fosse. Ficou bastante presente no hospital, preocupando-se em visitá-la diariamente. Ana ficou muito contente em perceber que sua avó tinha tomado uma decisão muito importante ao enfrentar tal cirurgia e sentia orgulhosa dela, vendo que a sua condição de vida melhoraria. Mesmo sentindo muita dor por conta da intervenção, Claudia ficou muito alegre com a possibilidade voltar a andar, libertando-se das dores intensas que sentia. Ana encarou esse resultado de forma muito positiva, dizendo que sua avó era uma vencedora e que, agora, poderiam fazer passeios juntas.

*Minha avó decidiu fazer uma operação e eu fiquei com muito medo. Não queria que ela morresse de jeito nenhum! Fiquei o tempo todo ao seu lado. Ainda bem que deu tudo certo. Ela ficou ótima e fiquei muito feliz por ela ter lutado por ela, ela foi uma verdadeira vencedora! Se eu não estava com ela, ligava e ela ficava mais sossegada e tranqüila. Ficava chamando-a de minha velhinha e ela adorava. Agora, minha mãe disse que vai nos levar para Argentina!*

Ana, como era de se esperar, voltou a questionar: *"Por que tudo eu?"*, *"Por que tudo pra mim?"* e *"Não quero mais viver"*. Novas intervenções seriam necessárias e ela já não suportava mais essa idéia. A doença, que pode surgir em diversas partes do corpo, apareceu em Ana no mediastino, pescoço e base do pulmão. Ainda que desenvolva-se rapidamente, quando diagnosticado cedo, pode ser curado através de tratamento quimioterápico e, em seu caso, radioterápico também.

Por conta de tudo que já havia passado, a resistência de Ana ao tratamento foi imensa. O trabalho para com ela foi longo, intenso e desgastante. Como sempre gostou muito da Disney, sua mãe propôs que viajariam novamente para lá em seguida da primeira aplicação de quimioterapia, conseguindo convencê-la. Como sempre, os passos com Ana foram dados dia após dia, pensando no seu melhor. No início, Ana estava cooperando e o tratamento foi se desenvolvendo conforme o necessário, de forma positiva. Porém, ao longo dos dias, seu comportamento foi piorando e prejudicando o desenrolar do processo. O que ela não percebia é que, quanto menos cooperava, mais difícil e demorando o tratamento se mostrava.

*Fiquei doente mais uma vez. Já não agüentava mais essa vida, tudo acontecia comigo, tudo! Não quero fazer tratamento de novo, mesmo que minha mãe diga que só assim vou me curar. Todas as vezes que tomei remédio foram horríveis! Podia até melhorar em algumas coisas, mas ficava ruim em outras e não quero mais isso. Minha mãe disse que depois da primeira sessão de quimioterapia, poderíamos ir à Disney mais uma vez. Assim, poderia aceitar. Quem sabe até eu já não me curaria na primeira sessão? Não quero ter que ficar fazendo tratamento de novo. Iria naquela vez, mas não faria mais, não quero e pronto. Sei que isso poderia me prejudicar, mas e daí? Não quero mais viver mesmo...*

Cada aplicação de quimio tornou-se uma verdadeira luta! Sua impaciência em permanecer aguardando o gotejar dos medicamentos que recebia via endovenosa, na seqüência determinada pelo oncologista, gerava muita angústia e ansiedade.

Sua mãe já não podia acompanhá-la, por causa de seus desatinos. Irritava-se com a espera no momento da internação, se exasperava quando, já no quarto, as enfermeiras demoravam um pouquinho mais para chegar com os remédios... Enfurecia! Apenas João conseguia acalmá-la e fazê-la aguardar um pouquinho. Ela escutava o que dizia, mesmo nos momentos mais difíceis!

A arteterapeuta a acompanhou em algumas das sessões: passearam juntas de cadeira de rodas pelos corredores labirínticos do hospital enquanto Ana se acalmava e queria largar tudo. Ou então jogavam UNO. Que alegria Ana sentia ao se perceber lutadora! Estava estruturando seu psiquismo nas articulações entre as jogadas de modo a poder chegar ao final e ganhar da arteterapeuta.

Ana jogou bem!!! De verdade, demonstrava consciência de suas escolhas e da carta a ser utilizada em cada jogada. Procurava fazer um bom uso das diferentes cartas e cores que tinha consigo, ou criava estratégias para impedir a desafiante de "bater" e finalizar aquele jogo.

Ao mesmo tempo, suportava perder uma jogada, quando assim ocorria. Percebia que, em um jogo, às vezes é um dos jogadores quem ganha, outras vezes é outro. Observava as cartas e avaliava se as suas ou as da adversária eram melhores. Não demonstrava raiva por perder uma partida, ao contrário, um espírito de luta pela vitória estava sendo efetivamente vivenciado!

Impossível não relacionar essa experiência simbólica ao difícil momento vivido por Ana. Sua luta pela vida gotejava pouco a pouco, e seus olhos brilhavam as se perceber e se sentir capaz. Brilhavam de alegria para consigo mesma...

Chegava um momento em que pedia para se deitar, pois se sentia cansada. A arteterapeuta massageava suavemente seus pés e suas mãos, Ana relaxava, chegando a adormecer. Finalmente a primeira série de quimio chegou ao fim e iniciaram as aplicações de radioterapia.

Dessa vez, Ana estava mais tranqüila e ia junto com João fazê-las. Não aprontou tanto como as de quimio, dizia que era muito rápido: *um minuto só!*

Atualmente os exames estão zerados e sua alegria é imensa. Está curada!

É claro que um acompanhamento constante está sendo feito, tanto por meio de exames de sangue, como de imagem, periodicamente.

# 14 | TEMPO DE CRIAR

Um dos materiais que Ana aprendeu a trabalhar foi com o barro. Inicialmente, sentia-se sem condições, dizia que não conseguia. Tinha por volta de 12 anos, nessa época. Um dia, nas sessões de arteterapia, começou a mexer na argila. Sua coordenação motora era difícil, não tinha precisão. Sua terapeuta mostrou-lhe como fazer.

Bem devagar, Ana foi aprendendo como pegar na argila e amassá-la. Auxiliada, sentia o movimento realizado por suas próprias mãos. Ana amassava e fazia um rolinho. Observava e copiava os movimentos da arteterapeuta. Nada simples, mas conseguia.

Aos poucos, foi estabelecendo mais contato com a massa e disse que queria fazer um boneco. Amassou um tanto maior de argila e fez um rolo mais grosso. Cortou com uma faca a parte de baixo do corpo do boneco, de modo a formar as pernas. Reconheceu o que desejava fazer e sentiu-se feliz! Disse: *"Aqui tem o corpo! Aqui tem o corpo!"*

Continuou. Ao ser questionada sobre o que mais teria seu boneco, respondeu: *"A cabeça!"*. Foi-lhe mostrado como preparar o pescoço e a cabeça. Tentou fazer o nariz, acabou preferindo fazer uns furinhos, assim como os olhos e a boca. Preparou os braços. Foi-lhe ensinado a preparar os cabelos com a ajuda de um espremedor de alho. Inseriu a argila e, ao amassá-la, saíram os cabelinhos. Seu olhar brilhava! Ana adorou! Gostou tanto que, em uma das sessões seguintes, trouxe seus irmãos.

Seu primeiro personagem foi masculino, depois fez um feminino. Quis também preparar um cavalo, querendo copiar uma que havia na oficina. Ana olhava a escultura e copiava, do seu jeito, já sem precisar de outras mãos para ajudá-la a modelar. Ao final, para dar acabamento, pegou um pote inteiro de cola branca e derramou sobre as figuras. Em um primeiro momento, a arteterapeuta sentiu que precisava escoar seu inconsciente, simplesmente deixando aquela enorme quantidade de cola escorrer sobre suas esculturas. Entretanto, quando secou – após vários dias – seu acabamento estava ótimo. Ana descobrira uma nova técnica de acabamento!

Nesse tempo, sua atitude diante da aprendizagem era bem positiva: queria tentar e se propunha a enfrentar o que lhe parecia difícil. Como Ana sempre foi muito rígida e a argila representa flexibilidade, é fácil compreender porque não trabalhou com esse material por muito tempo. Chegou a fazer alguns ensaios, mas seu caminho enveredou por outras escolhas.

Durante o período de quimioterapia, Ana voltou a trabalhar com o barro, dando forma à massa que se modelava. Esse processo, desenvolvido em casa, representaram sessões de arteterapia, uma nova forma para expressar as suas novas angústias (Carvalho, 1005). Dedicou-se às esculturas e obteve resultados brilhantes! Ana se sentiu competente em algo e um impulso para que se reconhecesse como capaz aumentou sua autoconfiança.

*Comecei a mexer com barro em casa, como fazia com a Cris, e foi muito legal. Pego a massa, vou trabalhando nela e chega uma hora que sinto que está pronta. Não me baseio em nada, a idéia surge na minha cabeça. Acho que é como uma inspiração. Às vezes, quando mecho na massa e não vem a idéia é chato, aí preciso pensar muito para ela vir, nessa hora lembro desde que estava na barriga de minha mãe.*

*Assim, descobri uma coisa que faço muito bem: esculturas! Depois que elas estão prontas, olho e reconheço o que fiz: um cavalo, uma concha, um homem, uma mulher... E minha mãe me ajuda a escolher e elaborar o nome da escultura. Fiz uns bonecos muito lindos e organizamos uma exposição lá no clube. Todo mundo foi me cumprimentar, dizendo que meu trabalho estava muito bom! Até o Diretor Cultural do Clube foi me dar parabéns! Fiquei muito orgulhosa de mim! Tiramos várias fotos, foi muita gente que eu gosto. Minha mãe falou que meu trabalho ainda vai ser exposto em outros lugares de São Paulo e que será publicado na revista do clube – talvez até em outras! Meu sonho de ficar famosa está começando a se realizar!*

Cada escultura que modelou, sua mãe levou a uma fundição de modo que pudesse ser preparada em bronze. Mais uma vez, o carinho e cuidado permearam uma nova relação de contato de Ana consigo mesma: sentiu-se realizada. Tocou a alegria de ser reconhecida como artista.

Trabalhou com o elemento terra, substância universal, uma matriz que concebe e simboliza a função maternal. Para Chevalier e Gheerbrant (1997) é um símbolo da fecundidade e da regeneração. Pode estar ligada ao inconsciente e à situação de conflito, ou seja, à realidade e às possibilidades que encontra para lidar com suas aflições e desejos.

Seu primeiro trabalho foi uma concha se abrindo, seu sentimento expresso em uma imagem claramente delineada em que o movimento permanece presente na peça moldada. A concha está ligada ao simbolismo da fecundidade e ao órgão sexual feminino (Chevalier e Gheerbrant). Ocasionalmente pode-se encontrar uma pérola, talvez a possibilidade de fecundar. Que importante é observar a imagem que nasce das profundezas de seu mundo subterrâneo, como a entrada de um lugar onde pode existir uma pérola a ser descoberta.

*Concha, 2007.*

Da alma de uma grande garota emerge uma pequena e delicada flor, símbolo do que pode nascer de belo após todo um processo, um ciclo que implica em muitas etapas e variáveis. Linda e singela, talvez a flor represente seu florescer. Chevalier e Gheerbrant apontam que a flor é o símbolo do princípio passivo que recebe, e também da instabilidade essencial da criatura voltada a uma perpétua evolução. Representa a figura-arquétipo da alma, como centro espiritual, um novo atributo que Ana está tocando ao moldar a massa.

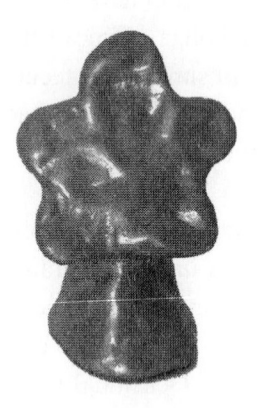

*Fortune, 2007.*

A seguir foram duas figuras humanas. Ana não se lembra qual foi a que modelou primeiro. O contato com a massa foi trazendo uma figura feminina e outra masculina. A forma emerge com naturalidade e Ana se sente bem. Feminino e masculino expressam, talvez, uma integração desses aspectos em seu psiquismo. Que importante é isso ocorrer em um tempo de luta pela vida!

 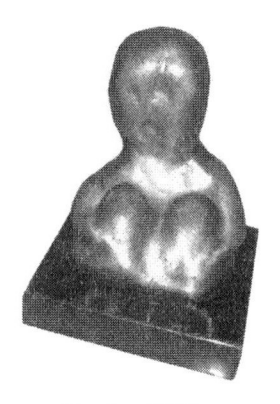

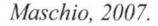

*Maschio, 2007.*        *Femina, 2007.*

Em outro momento prepara um cavalo que, depois, denominou Pégasus. Interessante lembrar o quanto a figura do cavalo representa força e vitalidade. Chevalier e Gheerbrant apresentam o cavalo como símbolo do psiquismo inconsciente, memória do tempo e da impetuosidade. Ao mesmo tempo, representa a mais nobre conquista do homem. Impetuosidade da juventude com tudo o que ela contém de ardor, desejo e fecundidade. Brandão (1997) aponta que o cavalo alado representa o pensamento criativo em ascensão, o homem que aspira satisfazer seu desejo essencial e sublima suas necessidades ao combater sua impetuosidade (Gardner, 1996). Para Ana, um simbolismo que emerge como parte de um processo de luta pela própria vida.

*Pégasus, 2007.*

Depois, modelou um pássaro, com algumas fendas bem demarcadas e um bico instigante. Para Chevalier e Gheerbrant o pássaro simboliza, nas relações entre o céu e a terra, os estados superiores do ser. Em textos antigos, representam a amizade dos deuses para com os homens, enfim é um símbolo da comunicação. Talvez represente para Ana sua vontade de alçar o vôo da independência, do poder Ser e gerir sua própria vida. Talvez.

*Paloma, 2007.*

*Hoje em dia a minha vida parece estar mais estável. Apesar das minhas manias, eu estou mais consciente das coisas que quero, das minhas limitações e estou aceitando melhor isso. Estou tentando me adaptar à minha realidade. Ainda continuo sendo muito teimosa e, às vezes, muito chata com os outros. Mas vou melhorar. Hoje estou buscando coisas novas para fazer, em lugares novos. Parei os esportes, mas comecei massagem (bom fazer uma coisa nova), já fui ao teatro assistir "O Fantasma da Ópera", a "Bela e a Fera", vou ao clube jantar com a minha família todos os domingos.*

*Quando tem show do Leonardo eu tenho ido com a minha mãe. Às vezes saio com ela para almoçar fora. Antes eu gostava do grupo É o Tchan, mas hoje eu não gosto mais porque tudo mudou na minha vida. Além de tudo, os cantores, os grupos e dançarinas todos mudaram e agora ficou muito chato, horrível.*

*Minha mãe tem conversado comigo para que faça novas coisas para preencher o meu tempo. Algo que eu goste, mas eu ainda não sei o que... Gosto muito de todas as amigas e amigos da minha mãe, que também gostam de mim. Ela sempre diz que preciso ter os meus amigos, da minha idade, para sairmos juntos.*

*Enfim, vivi muitas coisas e hoje sinto algo importante:*

**A emoção toma conta dos meus sentimentos!**

# 15 | DEPOIMENTOS DE QUEM CONVIVE COM ANA

Seria injusto não dedicar um espaço nessa publicação às pessoas que contribuíram para a formação de Ana. Família, amigos e funcionários que lhe deram amor e carinho, souberam compreender suas limitações, aceitá-la como ser humano cheio de contradições. Este capítulo traz um pouco da visão particular de cada um que pôde conviver com Ana e descobrir dentro dela a possibilidade de amar.

*Ordeira, lindinha, carinhosa e extremamente ansiosa por fazer as lições de alguns colégios que freqüentou. Chegava em casa na hora do almoço, mas antes de comer fazia as lições e guardava tudo na pasta. Só depois, sentava à mesa. Comecei a perguntar sobre o conhecimento dela e percebi que ela sabia responder muita coisa, inclusive de espanhol, que estava aprendendo. Tem dificuldade na escrita, na leitura e só consegue ler as horas em relógio digital. Depois que o pai abandonou a casa – ela tinha 6 anos –, houve um retrocesso no aprendizado que evoluiu lentamente até os 14 anos. Ao perceber este retrocesso, Ana enfrentou grandes crises. A que mais foi sentida foi a partida do pai. Esta fase de sua saída nunca foi superada, tanto que Ana se sente abandonada até hoje.*

*Um dos exemplos disso foi o fato de ela conseguir se destacar na natação e no judô, e, logo depois, abandonar para sempre suas próprias conquistas. Atualmente quer morar sozinha. Ela fala isso porque acredita na sua emancipação, porém, eu vejo isto como sua necessidade se estar sozinha como prova de ser suficientemente capaz de encarar a vida e mostrar que tem condições; como oportunidade de mostrar capacidade para sua família.*

*Eu, Nádia, avó materna, assisti ao parto da Ana que nasceu no dia anterior à missa de 30 dias do avô, que queria tanto conhecê-la e amá-la. Nasceu uma criança linda e perfeita, de parto normal. Eu, que já havido assistido a outros partos de diversas primas, notei claramente diferença neste. O médico, que era e foi sempre o nosso, demorou muito para tirá-la. Quis falar com ele. Mas, antes de entrar na sala ele me pediu silêncio, pediu para que não falássemos, porque a minha nora, juntamente com outra cunhada, irmã do pai também estavam na sala.*

*Minha filha havia perdido o pai há um mês, notou que havia alguma coisa de errado. Uma grande quantidade de pediatras e enfermeiras pegaram a menina assim que ela nasceu. Ana não tinha forças para chorar. Saí atrás do médico e ele disse que já havia perdido a conta dos partos que realizou durante a profissão. Quanto aos pediatras, nem sequer o teste do pezinho foi realizado.*

*Aqui eu termino com muita tristeza a descrição do parto. Depois de haver perguntado a outros médicos, o que poderia ter havido. Resposta: células cerebrais ou neurônios morreram por falta de oxigênio. Ponto final.*

*Agora vou falar sobre a Ana: lindinha e carinhosa, ela não teve ciúmes dos dois irmãos gêmeos, nem quando os três estavam juntos. Pelo menos, nunca demonstrou isso e tinha amor por eles. Ana é minha neta querida, a quem eu assisti ao nascimento. Foi a criança mais linda que já vi e eu a amo muito. Ela é muito especial para mim. Também tenho muita preocupação com o problema dela. Tenho fé em Deus que a ciência possa chegar ao conhecimento de cura dela e de outros que tenham o mesmo problema.*

*Tenho outra grande preocupação quanto ao futuro dela. A única certeza é o Todo Poderoso a quem rezo todas as noites da minha vida e também em todas as missas que já assisti. Tenho certeza e convicção que isto acontecerá pela ciência e principalmente pelo poder divino.*

*Quanto a mim, sei também que ela me ama bastante. Somente temos algumas "briguinhas" e desavenças. Eu a amo muito e espero em Deus que a ciência possa curá-la. Um fato que me entristece bastante é saber que ela poderia nascer perfeita e, pela ineficiência do médico, isto não aconteceu. Só Deus é que sabe.*

*Estou muito agradecida por participar do sonho da Ana, que é publicar este livro.*

Nádia

*A Ana, como vocês sabem, é uma pessoa especial, que requer grandes cuidados e, principalmente, muito amor. Ela é especial não só pelo problema mental que possui, mas também pelo seu jeito meigo, carinhoso e extrovertido que, de alguma forma, consegue descontrair qualquer pessoa que esteja a seu lado.*

*Por causa de sua enfermidade, Ana tem dificuldade de fazer amigos. Isso é um ponto que me toca muito, pois, muitas vezes, a vi chorar, reclamando a falta de um amigo. Olhando para nós, seus irmãos, diz que o sonho de sua vida era ter nascido com as mesmas capacidades que nós, eu e o Silvio, temos. Apesar de ela portar algumas defasagens mentais, admiro sua determinação e inteligência.*

*Quando ela quer alguma coisa, de alguma forma ela consegue, seja "enchendo o saco" da mãe ou gritando. A determinação e inteligência de Ana são de se admirar. Porém, na maioria das vezes, ela usa suas espertezas para atormentar e sufocar as pessoas que estão ao seu redor e que a amam. Isso me deixa muito triste, pois, poderia usar essas duas armas que tem para superar suas dificuldades. Não para nos atormentar.*

*Um dos meus principais objetivos de vida será, com certeza, oferecer tudo do bom e do melhor para ela. Pretendo e vou sempre estar ao lado dela, mesmo quando suas armas estiverem apontadas para mim. Tenho esperança de que, um dia, a ciência consiga captar o problema da Ana e curá-lo. Não que isto fosse para tirar um pouco da minha responsabilidade para com Ana, mas, sim, dar a ela uma vida nova, uma visão mais clara sobre o mundo e seus deveres. Ana, sem que saiba, é uma grande professora. A cada dia eu aprendo coisas novas com ela, coisas tão importantes que não são passadas nem pela minha mãe (meu maior exemplo de vida), minha avó ou pela vida. Dentre esses ensinamentos, passados sem querer pela Ana, talvez o mais importante seja respeitar as diferenças de cada pessoa e aceitá-las da forma que são. Quero ressaltar, também, que no começo foi muito difícil aceitar o problema de Ana. Não sei explicar se era por ter vergonha ou por ela não ser igual a mim. Contudo, sei que aprendi a entendê-la e, por isso, hoje, tenho orgulho de ser seu irmão. Orgulho porque tenho uma irmã batalhadora, que faz de seus problemas um desafio de vida. Bom, eu amo muito a Ana. Ela é fundamental na minha vida e sempre estarei ao seu lado. Darei todo o apoio necessário e, principalmente, vou fazer com que ela seja uma pessoa mais feliz. Para terminar, quero dizer que a minha mãe e a minha avó são as pessoas responsáveis por tudo de melhor que aconteceu e acontece nas nossas vidas. Fico feliz em poder fazer parte de um dos sonhos de minha irmã querida, que é publicar este livro.*

*Flávio*

*O que falar e como falar desta "grande" irmã que eu tenho? Não sei! Talvez eu consiga entender só um pouquinho esta pessoa tão complexa. Quando está de bom humor é a pessoa mais carinhosa, meiga, simpática, caridosa, alegre e feliz do mundo. Porém, quando está nervosa, ela consegue perder todas essas qualidades e se transforma numa pessoa sem razão, incompreensível e estressada. Este mundo bipolar no qual ela vive é, talvez, o motivo de sua complexidade.*

*Ela é uma pessoa extremamente esperançosa e que luta por sua independência — que julga ter devido à sua idade, mesmo sabendo que é incapaz de se cuidar sozinha. Tenho muita fé em seu futuro, torço para que ela se descubra e possa se entender, amadureça e, principalmente, torne esse mundo bipolar em que vive em um mundo único e feliz. Gostaria que ela pudesse superar suas dificuldades e evoluir. Amo muito minha irmã e ela sabe que sempre terá o meu apoio e o meu carinho. Desejo tudo de bom e de melhor para ela. Um grande beijo de seu irmão.*

*Sílvio*

*Sou motorista da família e conheço Ana há 15 anos. Ensinei-a a andar de bicicleta e patins. Analisando as barreiras pelas quais passou, posso dizer que Ana é uma vencedora. Acredito muito em você, Ana, você é uma garota muito especial.*

*Às vezes Ana me chama de pai, por nosso forte vínculo de convivência, e fico muito feliz com isso. Tenho um carinho muito grande por ela, sempre estive a seu lado e quero vê-la sempre lutando pelo seu sonho. Ana, que Deus sempre olhe por você.*

*Pedro*

*Conheci Ana há 13 anos. Ainda uma garotinha, muito linda, dona de um doce sorriso que encantava a todos. Ana é uma menina organizada, que adora os seus ursinhos de pelúcia e anjinhos. Um de seus sonhos, que foi realizado, era ver o cantor Leonardo; o outro seu livro.*

*Ana, seus sonhos são como os deuses: quando não se acredita neles eles deixam de existir. E você, menina, acreditou e lutou e aí está o seu livro. Ana, acredite em seus sonhos, pois por mais difícil que a gente pensa que eles são, um dia se tornam realidade. Beijos,*

*Célia*

*O que posso dizer da Ana em 22 anos de convívio:*
*Momentos de carinho especial, outros de grandes conflitos, mas sempre a Ana querida, que muitas vezes me surpreende e me diz com muita simplicidade e carinho: "Kid, eu te amo".*
*Nunca ia dormir sem dar boa noite para mim e seus familiares, fato que me comove muito. Mesmo longe, ela liga e pergunta por mim e por minha família. É uma menina esforçada e tem o objetivo de ficar famosa. E eu acredito nisso.*
*Para a Ana, eu desejo o que desejo para minhas filhas: o melhor. Um grande abraço, com muito carinho da Kidinha. Que Deus a abençoe, hoje, amanhã e sempre.*

*Kid*

*A Ana sempre se fez presente no escritório. Protetora, queria sempre ajudar e dizia que quando ela fosse nossa patroa, iria nos ajudar, nos pagar muito bem. Quando meu filho estava doente, ela demonstrava preocupação perguntando por ele. Dizia que ele iria ficar bom, que o adorava, e que era lindo.*
*Sempre educada, tudo o que me pedia era com um "por favor" e "muito obrigado". Mesmo distante, quando me telefona demonstra estar sempre preocupada, perguntando por minha família e, especialmente, pelo Thiago. Ver tamanha preocupação me deixa alegre; o que tenho sempre para dizer para ela é que Deus a abençoe e que ela possa conquistar todos os seus desejos.*

*Alaor*

*Ana é uma menina boa. Mesmo com seus conflitos, gosta de comemorações, principalmente de seu aniversário. Um mês antes ela não consegue resolver nada, pois fica muito ansiosa. Gosta de fazer amizades e, quando ela gosta, sua amizade é sincera.*
*Ana, fico contente de ver que você realizou o seu sonho. Sucesso menina! Você merece!*

*Zefa*

*Falar de Ana é sempre lembrar-me dela com carinho. Ana é uma jovem que sempre viveu uma série de problemas. Conhecedora de todos eles, com grande inteligência capaz de identificá-los e de conhecer seus próprios limites. Na verdade, sua inteligência foi o que mais colaborou para seu sofrimento. Às vezes conhecemos nossos limites, mas nos escondemos atrás deles para que ninguém perceba. Com Ana foi e é diferente: ao perceber seus limites, ela os enfrenta, se machucando ainda mais. Apesar das grandes inquietações e conflitos, que geraram tanto sofrimento para ela, seus familiares e amigos, em busca de uma identidade, hoje, aos 23 anos ela tem planos de morar sozinha e continuar a experiência única de alguém que sofre constantemente o desejo de querer tantas vezes e não conseguir.*

*Seu desejo de sentir-se reconhecida pelo mundo continua. Sua luta é incansável, e eu sou testemunha desta guerra que, por muitas vezes, foi fonte de força e perseverança para mim. Em meio a meus conflitos, enxerguei na Ana uma força de querer virar a página, de mudar o dia, e como não posso deixar de dizer, por tantas vezes se dirigiu a mim com imensas palavras de carinho e apoio.*

*Na verdade, era como atravessar o oceano furioso e depois encontrar a calmaria numa praia linda do outro lado. Pela pessoa que sou isto vale muito, e não existem palavras que traduzam minha gratidão. Ana, gostaria que soubesse que em minha vida você fez diferença. Sua presença ficou marcada com muito carinho e é por isso que sempre tento compreender a todos. Em vários momentos, você me viu como realmente sou e gostaria de ser vista. Espero que Deus te abençoe sempre, te afague e te carregue no colo todas as vezes que se sentir desesperada.*

*Você pode não acreditar em você e nem na pessoa que você é. Ou, talvez, nem veja a vida por este lado. Você é linda pela humanidade que deixou florescer em você. Parabéns!*

*Maria José*

*A Ana faz parte direta na minha vida, pois a vi nascer, crescer. Ela sempre foi uma pessoa extraordinária. Na ausência de Pedro, eu sempre a levava para passear, brincava e dizia que eu iria me casar com a avó dela, mas sempre de uma maneira muito carinhosa. Quando ela está longe, sinto sua falta, pois percebo quanto ela é querida. Ela não tem nenhum limite para suas próprias conquistas; procura sempre alcançar seus objetivos. Tenho a real certeza que ela vai conquistar o seu próprio espaço e ser sempre uma pessoa querida no nosso meio.*

*Marcolino*

Em um momento de ira profunda, Ana escreveu uma carta para o tio, com quem nunca sentiu muita afinidade.

*Sabe, entender para mim não é fácil. Até hoje não sei por que é que eu sofro tanto e sinto tanta culpa. Tem dia em que sinto uma aflição tão grande que nem dá para agüentar nada nem ninguém. E aí, você chega na casa onde vivo com minha família e faz de minha vida um inferno. Não dá para suportar estar nesse corpo com tanta dor!*

*E você fala de um Mágico... Acho difícil acreditar que ele existe, pois só eu é que sei o quanto é duro viver do jeito que eu vivo. Fala de felicidade. Que felicidade posso ter se tudo para mim depende de tanto esforço, e muitas vezes nem dá certo.*

*Minha vontade é de começar alguma coisa do zero, e ter sucesso nela. Fico pensando se você tem alguma idéia do quanto isso pode ser importante, para alguém que tem tido que lutar contra tudo e todos.*

*E para terminar, quero contar que ninguém vai encostar um dedo em mim. Nem minha mãe nem ninguém, muito menos você, tio.*

De certa forma, Ana apresenta pensamentos que demonstram coerência e certa articulação. O que pensa em relação questões do mundo atual chega a surpreender...

*Meu desejo é que se possa acabar com todas as coisas que estão de ruim no mundo. As drogas, a violência e os assaltos. As pessoas nem podem sair na rua com segurança!*

*A violência é uma das coisas que me deixa mais triste e está cada vez pior. Morro de medo. Já até tive um primo seqüestrado. O mundo tem que melhorar, tirar as pessoas que vivem na rua, tem que acabar com as doenças, com a violência, com os assaltos, com as drogas, o cigarro e o álcool.*

*O que estraga o mundo é a maldade dos homens, que roubam, seqüestram, provocam guerras e destruição, fazem desmatamento para vender madeira, sem preocupação com o equilíbrio ecológico, poluem. Ah! Me dá uma raiva desse mundo ruim!*

*Tem gente que não tem casa para morar e vive na rua. Tem muitas coisas que precisam mudar. Mas ainda bem que também existem as pessoas boas que só pensam em fazer o bem ajudando os pobres. Eu também quero ajudar as pessoas e por isso vou ser médica: para ajudar a passar as dores das pessoas.*

*Não gosto de eleição. O povo não deveria votar. Em tempo de eleições, a cidade fica pior porque os políticos ficam querendo arrumar tudo e a cidade fica bem atrapalhada.*

*Não gosto do horário de verão, que por mim não existiria, isso não resolve nada.*

*Não gosto do rodízio de carro, pois parece que não adianta nada. Tem tanto carro na rua que é difícil de andar. Fica tudo parado. Tem dia que acabo atrasando em meus compromissos de tanto trânsito!*

*Não gosto de coisas falsificadas, piratas. Tinha que acabar com isso.*

*O mundo criado por Deus só pode ser lindo, com a natureza maravilhosa e tudo que o ser humano precisa para se alimentar a vida inteira. Enfim, e apesar de tudo, acredito num mundo melhor.*

Entretanto, Ana não tem muita noção do mundo atual, mundo passado e mundo futuro. O que ela sabe é que existem pessoas carentes, crianças de rua, ladrões soltos, etc.

Se você perguntar para ela o que fazer, sabe que quer ajudar essas pessoas, mas não sabe como ou mesmo sugerir uma solução, percebe que isso existe e precisa melhorar.

Seria muito bom que ela se interessasse por alguma coisa, qualquer que seja, mas por inteiro, com garra, com conhecimento. Mas não é fácil, pois acaba colocando uma barreira entre ela e o mundo, o que acaba por impedir que se envolva realmente no que parece perceber que está acontecendo.

# 16 DESABAFO: INCLUSÃO OU EXCLUSÃO SOCIAL?

C omo compreender as relações presentes entre o desenvolvimento humano e a saúde e a educação, em se considerando o momento social que estamos vivendo? Qual o sentido de se dar continuidade ou de se refletir mais em busca de relações que aprimorem o conhecimento que já está disponível acerca do ser humano? Talvez, se a consciência humana estiver preparada para construir novos passos em direção ao conhecimento da psique e de aspectos que podem nos apontar 'pistas' e ou 'indícios' relevantes — que, por sua vez, nos permitam desvendar alguns de seus caminhos internos e complexos —, poderemos contribuir um pouco para a melhoria na qualidade de vida de crianças, adolescentes e adultos.

Em especial daqueles que demandam nossa atenção, por possuírem em sua constituição "de base" limitações reais e ou impedimentos que possam dificultar seu Ser e, portanto, seu Aprender neste mundo. Incongruências que se destacam em um dia-a-dia intenso e conturbado. Vale dizer que atualmente Ana está vivendo o oposto de outros tempos, quando efetivamente este livro começou a ser escrito: pesa mais de 120 quilos.

Diante de tais questões, apresentamos aqui o desabafo da mãe de Ana que, em sua trajetória, procurou desvendar caminhos obscuros e difíceis para melhor atender às suas necessidades. Entretanto, permanecem as inquietações.

Gostaria de preparar a Ana para se defender sozinha no futuro, com o mínimo de participação dos irmãos, mas está sendo muito difícil. Ela se acha dona de seu próprio nariz, diz que ninguém manda na vida dela, que não deve satisfações e que tudo tem de ser do jeito dela. Não aceita trocar idéias, não aceita opiniões, não têm diálogo e só quer, quer, quer... Eterna insatisfação!

Que dureza para ela e para quem está a seu lado ver o tempo passando sem encontrar um caminho, deslocada da sociedade por falta de oportunidade e por falta de experiência. Ou seria por falta de experiência e oportunidade? Não importa, a ordem dos fatores não altera o produto. Ela quer realizar algo, não sabe bem o que, para que, como... Precisa de ajuda!

Terapia, terapia e terapia. Ela já está de saco cheio de tanta terapia. Ela quer realizar algo, produzir.

Ninguém a leva a sério. Tudo que se fizer por ela é paliativo. Ninguém se aprofunda, ninguém quer ensinar, ninguém quer dar uma chance. Talvez por isso seja possessiva, autoritária, perdida, sem perspectivas e sempre se comparando com todo mundo. Por que fulano consegue e eu não? Por que meus irmãos nasceram da mesma barriga e não precisam tomar remédio e eu sim. Por que meus irmãos podem, conseguem e eu não. É muito complicado tudo e difícil, pois minha filha atravessou um período de mutação: não é e não deixa de ser. É a adolescência!

A minha menina tem um problema neurológico. Algum curto desencadeou movimentos psicóticos que atualmente estão mais controlados. Mas seu desenvolvimento cognitivo foi sendo comprometido. Ou seja, em algumas situações seu pensamento é de uma garota bem menor, mas em outras, é de uma garota em plena adolescência.

Ana também tem um distúrbio de humor. Conviver com ela requer prática e muita habilidade. Tem que ter jogo de cintura e paciência. Itens que faltam nos dias de hoje, num mundo

*globalizado, onde não se tem mais tempo para nada. Acompa-*
*nha-se tudo que se passa no mundo a toda hora, só usando a*
*ponta dos dedos. Pasmem, ninguém consegue olhar para o lado,*
*ninguém consegue ver o individual. Como é que dá para ver o*
*"especial", o ser?*

*Gritam por direitos humanos! E que direitos têm as pessoas*
*com limitações. Quem as protege? Quem lhes assegura do direi-*
*to de ser alguém, de viver com dignidade? Quem vai lhes dar*
*oportunidade?*

*Digo isso porque vejo e sinto a batalha que nós aqui de casa*
*passamos. Quem vai lhe dar a oportunidade de estar junto, de*
*sorrir junto, de realizar junto. Pegar na mão mesmo.*

*Fala-se muito sobre inclusão social. É, fala-se. Só quem con-*
*vive com uma pessoa especial, sabe que isso está longe da reali-*
*dade. O mundo caminha a passos largos em todos os segmentos.*
*Mas, se você tiver um rótulo, está marginalizado ou no acosta-*
*mento. A luta é só dos parentes próximos, que querem ter a cer-*
*teza que a pessoa em questão ficará bem e conseguirá sobrevi-*
*ver no dia de amanhã. Conviver com a Ana é muito mais que*
*compreendê-la. É mostrar para ela que ela pode ser capaz, se*
*sentir produtiva, aceita, muito amada e mais realizada.*

*Tornar pessoas como ela mais experientes, para que o mun-*
*do não lhes passe a perna. Quando o mundo vai realmente*
*ampará-las?*

*Graças a Deus Ana tem dois irmãos maravilhosos que anda-*
*rão lado a lado com ela. Desde pequenos estão acostumados a*
*lidar com suas diferenças e singularidades, respeitando-as. Eles*
*sim, são protetores e sabem como encaminhá-la. Mas não de-*
*pende só deles. Se não houver espaço social, eles não vão po-*
*der fazer muita coisa! Acorda mundo, povo, sociedade! Novos*
*seres especiais estão por vir! Façamos alguma coisa!*

*Eu gostaria que existisse um centro de convivência moderno*
*e bem equipado, um espaço em que pessoas como ela pudessem*

*se sentir produtivas, aceitas, amadas e mais preparadas para a vida. O básico da vida. E, portanto, mais realizadas. Que tenha calor humano e que seja alegre.*

*Dentro de todas minhas inquietações acerca de seu futuro, o mais importante é sentir que hoje aprendi, de fato, o que significa a palavra aceitação. Diante deste quadro bem nebuloso, que a vida nos impôs, você é minha querida e vou continuar lutando para que você encontre seu lugar do mundo, da maneira que você puder Ser. Aprendi muito com você e aceitá-la, na diversidade que é, é hoje para mim um ato de amor.*

*Mamãe*

# Estudo Clínico de Ana

Cristina Dias Allessandrini

# 17 A Teoria Aplicada no Cotidiano

A na chegou em uma família que a recebeu da melhor maneira que podia. Sentia-se totalmente amparada pela mãe, que lhe deu o suporte que precisou para crescer. Crescimento lento esse... Nada fácil de ser construído, pois sua demanda sempre foi imensa! Ainda em formação, durante a gestação, sentiu a dor da perda e da alegria tão intensamente vividas por sua mãe. Mas, dentro de seus limites e qualidades, procurou atender a Ana. Nesse sentido, foi uma mãe suficientemente boa para sua menina — lembrando aqui o psicanalista Winnicott (1989, 1990, 1993 e 1994), que aponta o quanto é importante que cada bebê tenha em sua mãe aquela pessoa que realmente atende às necessidades que tem.

De certa forma, a dependência absoluta de Ana permanece presente até hoje e se manifesta sob a forma de tentativa de consolidar uma relação primária, fruto de inquietações e revolta. Suas incongruências, no ser e lidar com as situações na vida, evocam, em seu interior, a necessidade premente de manter-se no controle de algo que ela mesma não compreende.

Profissionais participaram de seu desenvolvimento para dar suporte aos anseios reais, traduzindo seu saber em um processo lento e arduamente vivenciado por todos. Em primeiro lugar pela própria Ana, sempre acompanhada de perto por cada pessoa com quem conviveu e com quem partilha seu cotidiano até hoje.

Durante a sua maior crise, os mais variados profissionais discutiram todas as informações que possuíam dela até então. Foram

identificando uma grande dificuldade no contato, talvez provocada
pela passividade do pai e maior atividade da mãe. Sempre teve defa-
sagem quanto à linguagem, relutância com limites e tendência a uma
auto-imagem masculinizada. Além de comportamentos bizarros.
Em um dado momento, avaliou-se que Ana sofria de um transtorno global de desenvolvimento secundário, decorrente de um quadro
de epilepsia com crises de ausência.

Winnicott apresenta as tarefas do bebê, que Ana trabalhou em cada
etapa de sua vida: personalizar – realizar – integrar. Um ciclo de ações
que constituíam a pequena garota que se tornou mulher. Mulher menina,
adolescente, "aborrescente". Jovem mulher que deseja ser si mesma!

Quantas vezes encontrou-se diante da necessidade de personalizar suas necessidades, mas, ao mesmo tempo, sentia seus limites em
realizar o que seria preciso para, assim, integrar (Amiralian, 1997,
2000). Psicologicamente Ana foi se constituindo dentro de suas falhas, tendo como pano de fundo a preocupação materno-primária de
uma mãe continente e presente, mesmo quando se sentia sem forças
para auxiliá-la no que precisa.

De uma dependência absoluta como a de um pequeno bebê que
precisa completamente da mãe para sobreviver, Ana foi crescendo.
Uma menina foi emergindo, mas, dentro de um espaço de dependência relativa, que a inquietavam muito. Sua ansiedade traduzia-se em
voracidade para comer balas no almoxarifado da escola quando bem
pequena, ou na necessidade de compreender a chegada dos irmãos
que se transformaram em brinquedos de verdade: bonecos que riem
e choram, se mexem e fazem trejeitos... Dois de uma vez só!

Para completar, as dificuldades da relação de seus pais eram profundamente sentidas pela pequena garota que não as compreendia,
apenas tentava e tentava algo que jamais teria condições de integrar.

Talvez até possamos inferir que a força da mãe que lhe deu a
vida tenha sido sua sorte e sua sina. Afinal, a simbiose entre elas
permanece viva até hoje, determinando sua continuidade de ser e de
existir como pessoa, como menina, adolescente, jovem e mulher.

Foi na mãe que depositou a confiança no ambiente ao seu redor. Sabe e sempre teve dentro de si essa certeza, o que lhe dá segurança para lutar por seus desatinos e desejos. É com a mãe que partilha seu sofrimento profundo, suas dificuldades e sua necessidade de continuar a existir.

A briga diária que estabelece com ela, representa sua maneira de personalizar e realizar seu jeito de integrar os opostos que sempre fizeram parte de sua vida. Assim, luta contra aquela que lhe dá limite, por querer ser independente, mas reconhece lá no seu íntimo que é lá o seu porto seguro. Vida e morte são sua marca, parte de sua estrutura interna de ser humano em processo de desenvolvimento. Os opostos caminham lado a lado — ora um, ora outro -, dentro de um dilema incomensurável, quase impossível de ser descrito.

O psiquismo não tem força para se estruturar diante de tais fatos e realidades. Uma garota que inicia seu processo com alterações sinápticas em uma epilepsia que se manifesta em pequenas ausências, paulatinamente desenvolve movimentos psicóticos que determinam sua forma de ser.

Mas o psiquismo, em seu estado puro, busca uma auto-regulação. Dentro de tantos dissabores e turbulências, aparentemente pequenas conquistas representaram grandes avanços (Piaget, 1971; Inhelder, 1971; Macedo, 1994, 2004).

No decorrer de sua meninice, permitia-se querer aprender e descobrir o mundo. Queria 'aprender a ler e a escrever', pois compreendia o quão importante tais ações participam da adaptação social de cada um. Aprendeu, dentro de suas possibilidades (Allessandrini, 1999b). Compreendeu também que limitações tornavam o que gostaria de ser ou fazer – dentro do que seria considerado aceitável pelo mundo cruel que exclui o diferente –, praticamente impossível de ser realizado.

Ainda, diante de si e do mundo, realiza, mais uma vez, o jogo do tudo ou nada: escolhe desistir da vida, de continuar a tentar. É o tempo em que sua consciência se apercebe de quanto estava distante daquele mundo ilustrado como ideal.

A força de decisão e de determinação toma sua consciência e, de forma quase inconsciente, diminui sua alimentação. Agride a todos e a si própria, chegando ao extremo de parar de comer e beber, em busca da morte. Uma anorexia dolorosamente sentida em seu corpo.

Que estranho é relembrar tais momentos e imaginar que estava reconstituindo e revivendo a dor de ser e de existir! Chegou ao limite da inanição, mesmo relatando que, escondida de todos, fazia incursões na cozinha no calar da noite. Foi internada em estado depressivo, dentro de um quadro psiquiátrico quase irreversível.

Mas, a força de vida também pulsava dentro de si e lutava com a eminência de morte. Conflito e dilema, escolha pela vida ou pela morte, para ela, o final de tanto sofrimento.

Sua mãe acolheu, mais uma vez, suas necessidades. Hospital, atendimentos, uma chamada para a vida em nome de um amor que ia além do que o humano pode imaginar. Mas a decisão final foi de Ana, que retornou a casa como um bebê que precisa ser alimentado a cada quatro horas.

Assim, reviveu a dependência absoluta na relação com sua mãe: a sonda permitia que recebesse o alimento enquanto foi se fortalecendo e evoluindo psiquicamente. Dor e desatino, desespero e vontade de desistir. Mas um fio de esperança permaneceu vibrando em cada gesto de uma ambiência que lhe deu suporte para continuar a existir. Aceitou e acolheu sua doença, amou e odiou o momento vivido, questionou seu sentido sem deixar de garantir um espaço de tratamento tão fundamental.

Da dependência absoluta de um recém-nascido que precisa cortar o cordão umbilical com sua mãe, nasce agora uma nova garota: com desejos mais claros – por vezes inconsistentes ou discrepantes, mas segura do que quer e do que não quer. Uma menina moça com vontade de ser gente, de ser si mesma.

Nova etapa de vida, milhões de desafios estavam apenas começando. Afinal, a menina que nasceu moça, trazia dentro de si a marca do já vivido, da dualidade vida e morte, amor e ódio, força e vazio. Opostos que a faziam desistir diante do que não conseguia realizar. As tarefas do bebê permanecem em seu dia a dia: realizar, personalizar e integrar. Mas como? Se Winnicott aqui estivesse, poderia nos dizer que sua tarefa maior era e é a de relacionar-se com seu soma – corpo – na busca constante do preenchimento daquela que foi uma falha materna primária constituída diante do que a vida lhe trouxe em um momento prematuro de seu desenvolvimento. Ou seja, a tarefa agora é de Ana, que precisa trabalhar-se para preenchê-la, para Ser.

O maior desafio está na necessidade real de sair da relação de objeto subjetivo para, dentro de um espaço de transicionalidade, maturar e se relacionar com o mundo por meio de objetos compartilhados.

O presente livro representa essa etapa. Foi sendo escrito frase por frase, cada palavra sentida e pensada... Cada momento transcrito na descrição de uma pintura que representa a necessidade que tem de ser sujeito de sua própria história, na imagem de uma garota que precisa re-encontrar dentro de si o fio de esperança e de alegria de viver.

# 18 APRENDENDO A SER E A FAZER: TEMPO DE APRENDER

L evando em consideração o ser humano, há dois autores que acredito serem importantes para que possamos compreender a evolução e os aspectos essenciais de Ana: Winnicott (1975, 1989, 1990, 1991), pediatra e psicanalista inglês que desenvolveu conceitos importantes relacionados à constituição do ser humano, e Piaget (1971, 1977), biólogo e pesquisador genebrino, que estudou o desenvolvimento cognitivo. As reflexões que seguem trazem presentes suas concepções teóricas, que embasam minha prática arteterapêutica e psicopedagógica.

Acompanhei o crescimento de Ana desde seus nove anos de idade. Chegou dizendo-me que queria aprender a ler e a escrever, como já faziam as suas amiguinhas.

Em um primeiro momento, apenas nos conhecemos. Houve três encontros antes das férias, paralelamente ao desligamento que estava em processo com a fonoaudióloga. Brincamos, jogamos e fizemos teatro.

Senti que tinha dentro de si uma força muito grande, com um nível de inquietação e de desarmonia. Chegou com vontade de aprender e queria que eu lhe desse tarefas a realizar.

*A primeira vez que me lembro de ter escrito e lido um texto, que eu entendia todo o sentido, foi quando brinquei de escolinha com a Cris. Depois de pegar o lápis e escrever, ela passou a ser a aluna e eu a professora que lia o boletim da aluna. Assim, li meu primeiro texto: 'insuficiente, insuficiente, insuficiente, insuficiente, insuficiente, insuficiente, insuficiente, insuficiente, insuficiente, insuficiente, insuficiente, insuficiente, insuficiente, insuficiente, insuficiente, insuficiente, insuficiente, insuficiente, insuficiente, insuficiente, insuficiente, insuficiente, insuficiente'...*

*A Cris, minha mãe-professora-aluna, me escutou e me perguntou se poderíamos começar a trabalhar com as letras. Concordei. Foi essa a nossa entrada triunfal no mundo das letras. Afinal, chegava a hora de mudar algo muito importante em minha vida: aprender a me comunicar com as pessoas pela escrita e, assim, poder entender o que é que está escrito. Desse momento em diante, nossos encontros tinham brincadeiras e atividades, mas eu sempre precisava ler e/ou escrever alguma coisa também.*

Houve um tempo em que as palavras eram escritas no computador, para depois formarmos as sílabas e a construção de frases. Era bem difícil, pois Ana se irritava e, por vezes, não queria trabalhar com as palavras de uma forma mais convencional.

Criamos personagens, brincamos de escrever, desenhamos, pintamos, inventamos jeitos de preparar labirintos mirabolantes em nossos encontros (Arieti, 1976; Gardner, 1997). Bem devagarzinho, o sentido e a vontade de aprender a ler foram significados, e Ana entrou no mundo das letras, tão difíceis de serem internalizadas (Allessandrini, 1996, 1998, 1999a, 1999b).

Gradativamente, fomos organizando suas idéias em histórias vividas e ou escritas. Príncipes, bruxas e dragões participavam de nossos encontros, assim como jogos e brincadeiras, lojinhas e culinária, traziam sentido para o que escrevíamos.

Ana gostava de experimentar materiais diferentes: um dia um, outro dia outro... Preparou uma vez um grande coração que preencheu com as palavras amor, alegria e o nome de sua mãe. Em seguida me disse: *"Esse é o coração da Cris"*, (Allessandrini, 1999a, 2003a).

Aos poucos foi construindo esquemas que acionava para poder escrever o que desejava. Por vezes acionava determinadas sílabas para construir novas palavras, outras vezes acionava a palavra em bloco, para escrever uma sílaba. Por exemplo: queria escrever PRÍN-CIPE. Escreveu: PRINCESAPO, pois relacionou o PE com a família do PA-PE-PI-PO-PU, onde tinha o SAPO que ela sabia escrever. Toda feliz escreveu de seu jeito o PRÍNCIPE de seus sonhos!

*Durante os anos em que trabalhamos juntas, inventamos muitas coisas, coisas que eu gostava de fazer e me deixavam contente. Lembro de algumas delas: brincar de teatro (em nossas histórias de princesa e príncipe, ele sempre virava sapo), trabalhar com argila (fazer uns bonequinhos, criar personagens e depois jogar cola em cima. Era uma delícia sentir a cola escorrendo em cima deles), desenhar muito (mas só desenhar o que sentia vontade e, às vezes, pintar um pouco). Houve um tempo em que organizei meus trabalhos em um álbum, achava legal olhar os trabalhos que tinha feito e ficava folheando.*

*Mas o que me deixava bem animada era perceber que eu conseguia começar a ler e a escrever. Quando eu fui para a Cris, foi isso que pedi a ela. Não foi nada fácil, porque as letras apareciam na minha frente e eu não conseguia entender o que é que elas significavam. Na verdade, para mim não significavam nada, nada e nada... Imaginem como estava difícil na escola.*

*Um dia percebi como era bom aprender a escrever e ler. Foi quando eu queria convidar meus amigos da escola para virem ao meu aniversário: escrevi uma mensagem para a coordenadora da escola pedindo a tal lista de nomes! Esse momento foi importante porque consegui me comunicar com todo mundo usando do as palavras escritas por mim mesma.*

Demonstrava, dessa forma, que estava construindo recursos cognitivos. Entretanto, a representação que emerge em bloco não consegue ser separada para formar uma nova palavra (Allessandrini, 1999a, 1999b, 2005).

Alguns encontros permanecem muito vivos e ecoam dentro de mim até os dias de hoje, como quando estávamos trabalhando com a família silábica do VA-VE-VI-VO-VU e Ana escreveu, espontaneamente, "MEU AVÔ MORREU". Também marcou-me quando descobriu as tintas e o prazer de misturá-las simplesmente, de vê-las desmancharem-se e tornarem-se algo que era apenas uma junção de tudo o que tinha brincado de misturar! (Allessandrini, 2003a, 2003b).

*Fui aprendendo um pouquinho aqui, outro pouquinho ali... Comecei a conseguir escrever e ler palavras que formavam frases, a ler receitas de bolo... E os preparava também! Nossa! Passamos um tempão fazendo bolo. Vocês nem imaginam a minha alegria em chegar em casa com a forma de bolo ainda bem quentinha e ver que todos devoravam o que eu tinha acabado de preparar, porque estava muito bom. Eu ficava super feliz de partilhar com todo mundo de casa o que tinha feito na Cris. Como dá para ver, eu sempre gostei de cozinhar.*

*Sabe, fazer o bolo foi uma coisa engraçada. No primeiro dia, saímos para comprar os ingredientes. Queria fazer bolo de chocolate. Assim, voltamos do supermercado e separamos as tigelas com os pacotes de açúcar, de chocolate em pó, de farinha, ingrediente mágico, ovo e óleo. Colocamos água para ferver, pois a nossa receita levava água quente.*

*Na receita estava escrito que precisava de três copos de farinha de trigo, aí, eu peguei o copo e pus dentro da tigela, com um pouquinho de farinha... Pensei que o copo mesmo era o tanto de farinha que precisava. Não foi nada fácil entender que eu precisava encher o copo de farinha para colocar dentro da tigela e, dessa forma, preparar a massa. Mas a Cris foi me orientando e fomos fazendo... O importante é que deu certo! Enquanto o bolo assava, a Cris e eu jogávamos UNO. Eu gostava de descobrir o jogo e de fazer muitas jogadas em que eu ia percebendo qual era a melhor carta para eu colocar na pilha e, assim, acabar ganhando da Cris. Nossa, eu acabei me tornando uma ótima jogadora! Sabe, eu até ficava verificando se ela estava jogando direito ou se me deixava ganhar, mas não era isso não. Eu era a supervencedora MESMO! A Cris gostava de jogar comigo e anotava as idéias que a gente tinha tido durante o jogo. Ela até dizia que se surpreendia comigo.*

Quantos bolos preparamos! Desenvolveu a noção de conservação ao relacionar quantidade ao conteúdo, ao organizar suas ações no tempo e no espaço para chegar ao produto final: o bolo quentinho que levava para casa toda feliz! (Macedo, 1994, 2004).

*Outro momento nada fácil: Imaginem que a Cris queria que cortasse em pedaços quase iguais! Nossa! Na primeira vez os pedaços ficaram de todos os tamanhos, pois era muito difícil cortar reto. Fiquei cheia e nem queria saber de fazer melhor: Saí correndo com bolo e tudo, direto para casa com a forma "pelando" em minha mão (claro que levei em cima de um monte de jornais porque, senão, me queimaria...). Em casa, ninguém nem falou nada sobre os tais tamanhos dos pedaços de meu bolo, só sei que gostaram! Foi muito e assim continuei a preparar bolos e bolos durante meses e meses, com a Cris. Mas ela continuou querendo que eu cortasse mais 'quadriculado' e nós acabamos descobrindo um jeito muito bom de me ajudar a cortar: ela fazia, antes de mim, um quadriculado bem de leve sobre o bolo e eu podia seguir, com a minha faca, as linhas que ela tinha feito e assim, cortar melhor. Minha família percebeu que os pedaços chegavam em casa mais quadradinhos. Mas chegou um dia em que não quis fazer mais bolos... E assim foi.*

Fazer velas foi uma descoberta com a qual se entregou com muito afinco, terminando o ano com inúmeros presentes, que entregou às pessoas queridas que sempre estavam ao seu lado.

*Algo que gostei muito de fazer foi vela. Fiz muitas e muitas velas. Aprendi como se prepara vela de enrolar e com perfume. Gostava muito de pururucar as velas para preparar o Papai Noel e a árvore de Natal de parafina. Cheguei até a vender as velas e ganhei dinheiro! Ficava muito tempo trabalhando de verdade e acho que foi a primeira vez em que senti que trabalhava mesmo e não me cansava.*

*Aqui estou preparando velas!*

Vivemos juntas momentos difíceis, nos quais ela trazia o quanto não se sentia aceita e necessitava de acolhimento incontinente, pois sua raiva e suas mágoas vinham à tona com agressividade e dor. Precisava colocar limites de maneira bem real: 'bater em mim não pode'... Cheguei a segurar suas mãos com carinho, mas com segurança, para demonstrar-lhe que estava ali para ela, simplesmente porque aquele espaço era absolutamente para que vivesse o que fosse para ser vivido.

Sua dificuldade em desenvolver autonomia para com o que se esforçava a aprender se iniciava com um tempo de interesse real. Aos poucos, isso se transformava em irritação e até mesmo em raiva. Ela parecia perceber que, apesar de seu imenso esforço, o resultado que alcançava era pequeno em relação ao que talvez desejasse inconscientemente alcançar.

A dificuldade cognitiva se manifestava, por vezes, de forma bem clara. Um dia, Ana trouxe uma lição da escola para fazer: era um texto que precisava ler sobre o que era bom e ruim no seu ambiente escolar. Começamos a ler juntas. Eu lia o começo da frase, até que chegávamos a uma sílaba e/ou palavra que Ana conhecia e lia. Assim, monitorando pouco a pouco sua leitura, ela ia compreendendo o que estava escrito no texto. Ou seja, sua compreensão do conteúdo e interpretação do que ele dizia eram funções cognitivas que ela já estava desenvolvendo. Mas muitas palavras ainda eram difíceis de recodificar, tinha dificuldade em chegar a seu significado (Allessandrini, 1999b, 2003a).

Ao terminar de ler, havia um pergunta a ser respondida. Perguntei-lhe como gostaria de responder e Ana disse: CARINHO. Pegou o lápis e começou a escrever C-A... Aí olhou para mim dizendo: *"Que palavra é mesmo?"*. A imagem mental da palavra tinha fugido. Ou seja, sua estrutura psíquica cognitiva não conseguia manter a imagem mental da palavra, ao mesmo tempo em que dirigia sua atenção para uma outra ação que era escrever. Nesse momento, lembravalhe a palavra e Ana ia escrevendo cada letra, de modo que completou a palavra CARINHO.

Uma sessão como essa se desenrolava "olho no olho" e, com minha mediação delicada e presente, sentia-me como uma ponte que a ajudava a construir e reconstruir a esperança de que o ambiente realmente podia ajudá-la. Havia uma qualidade de troca muito especial e Ana sentia-se capaz. Seus olhos brilhavam de alegria! Outros dias, sentia ser tão difícil que nem queria tentar, sentia raiva. Chegou a me pedir para não vir mais, ao que lhe respondi que estávamos construindo algo e ela merecia continuar. Suas conquistas eram reais. Se algo havia acontecido na escola, dizia-me: *"Não agüento mais, é muito difícil, dá muita raiva!"*. Houve um tempo em que preparava um material especial para Ana, semelhante ao da escola, ou criava maneiras de ela precisar escrever. Passo a passo, fomos construindo um processo em que houve tempos mais turbulentos e tempos mais brandos (Macedo, 1994, 2004). Pouco a pouco, Ana aprendeu a ler e a compreender o que lia.

Nosso "combinado" permaneceu muito vivo, pois, quando começava a desandar, lembrava-lhe que ela queria aprender a ler e a escrever e que eu não desistia de alcançarmos nosso objetivo. Ana me olhava com raiva, projetando o sentimento de quando sentia-se incapaz. Aos poucos foi estabelecendo contato com o sentir-se triste em não conseguir, o que já era bem diferente da raiva.

Estava ali sempre presente, dizendo-lhe: *"Você já fez muito, sou a primeira a acreditar que você pode!"* Foi um semestre em que estabeleceu uma relação diferente com o aprendizado. Algo emergiu de seu verdadeiro *self* e potencializou de forma saudável a reconstituição de si mesma. Realizou, personalizou e integrou (Winnicott, 1975, 1990, 1993). Seu crescimento cognitivo foi importante, desde nossos primeiros anos de trabalho.

*O tempo foi passando e eu gostava bastante de ir à consultas com a Cris. É verdade que, às vezes, eu não queria ir de jeito nenhum. Empacava que nem uma mula e só saía do lugar quando minha mãe me dava um "chega para lá" bem bom. Mas quando eu chegava lá, sempre acabava gostando das nossas atividades. Tinha dia em que eu chegava de mal com a vida; nesses dias eu não queria fazer nada e ficava bem irritada com qualquer coisa. Até tentava bater e chutar a Cris.*

*Lembro pouco desses momentos (ou quase nada), mas sei que ela realmente estava lá me esperando, só para mim.*

Em um de seus acessos de raiva, conseguiu me dizer que ia repetir o ano, estava na quarta série. Fomos na escola, a psicóloga e eu, que confirmou sua não condição de passar para a quinta série. Era chegada a hora de mudarmos para uma escola especializada, pois Ana merecia ter seu esforço reconhecido! Sua mãe procurou a escola que indicamos. Os anos seguintes foram muito importantes, pois Ana sentia-se mais acolhida nessa nova escola e conseguia aprender melhor, dentro de sua condição cognitiva.

Não houve 'manual' algum que descrevesse como atuar com Ana. O que posso dizer é que uma relação de amor e confiança foi se construindo entre nós e permanece até os dias de hoje. É algo difícil de descrever, pois vai além do que a Psicologia oferece, do que a Arteterapia apresenta como relação terapêutica, ou do que a Psicopedagogia considera como trabalho de mediação em aprendizagem. Como nos apresenta Delval (2001), em um processo adaptativo percebemos dois aspectos: a **assimilação** ao meio, e a posterior **acomodação**, quando ocorre uma mudança em função do meio.

Assim, o progresso psíquico pôde ocorrer de modo que Ana assimilasse o mundo circundante agindo sobre ele, acomoda-se produzindo esquemas por combinação ou diferenciação daqueles que já constituiu. Paulatinamente, os esquemas se multiplicam e evoluem em complexidade no decorrer de sua vida (Piaget, 1971,1977; Inhelder, 1971; Macedo, 1994).

Aprendi muito em nossos encontros que, a cada dia, eram absolutamente singulares. Precisava estar ali para ela, simplesmente ser o que ela precisava e me solicitava: ora a mãe carinhosa que acolhe e acarinha, ora a professora que ensina e mostra como fazer, ou que aponta o limite de quais desejos pode ou não realizar (Winnicott, 1975, 1990, 1991, 1994).

Fui confidente, amiga, mãe-terapeuta em muitos momentos. Recebi suas dores e medos, suas ansiedades e desatinos, sua alegria em descobrir e em sentir-se aprendendo. Contudo, recebi também suas raivas e seu ódio projetado com a força animalesca do inconsciente que se expressa na voz da negatividade e dos palavrões. Fui cúmplice de suas "artes" e traquinagens, bem como mostrei o que não podia ser feito, ao que respondia de maneira inconformada, lutando para fazer prevalecer o que considerava que deveria ser "de sua maneira"...

*Depois de um longo tempo – que nem sei quanto é – decidi voltar com minha psicopedagoga e arteterapeuta, a Cris. É ela quem está me ajudando a escrever e a editar meu livro. Trabalho com ela desde que eu tinha nove anos de idade. E aprendi muito nestes anos, principalmente a ler e a escrever! Eu gostava de ir lá na Cris, porque era tudo muito diferente. A gente podia fazer um monte de coisas diferentes: jogar jogos, como o UNO, muitos trabalhos, desde bolo de chocolate, pão de queijo, brincadeiras de teatro, velas... O que dava vontade. Assim, aprendi muitas coisas com a Cris, porque na escola era muito difícil.*

*Fizemos muitas outras atividades em nossos encontros: jogamos cartas e fazíamos o jogo da forca – que foram minhas escolhas por todo um tempo. A Cris sempre trazia uns trabalhos de escrita para mim, que eu não gostava muito de fazer porque era difícil, mas lá íamos nós. E pouco a pouco fui aprendendo mais e mais. Atualmente, consigo ler melhor do que escrever, mas continuo me esforçando para tentar escrever melhor. Este livro é a prova disso!*

*Houve um tempo em que nós almoçávamos juntas. Toda semana tínhamos um horário duplo, na hora do almoço, quando eu saía da escola. Minha vida era cheia de compromissos: judô, natação, aula de inglês, Cris, psicóloga, etc... Assim — para dar certo o horário do João levando e buscando meus irmãos e eu*

—, *na segunda-feira, ia na Cris e passava no McDonalds no caminho... Era uma delícia. Quando chegava lá, preparávamos a mesa com jogo americano, salada, catchup e mostarda. Eu gostava de comer três hambúrgueres (um exagero) e minha mãe não gostava de deixar... Mas eu comia assim mesmo, com um pacote de batata frita grande e uma super coca-cola.*

*A Cris resolveu escrever um capítulo de um livro sobre mim. Ela me mostrava os escritos e eu deixei ela publicar. Minha mãe leu e ajudou, e eu até gostei de tudo aquilo.*

*Teve um tempo, quando eu não estava bem, em que fiquei com muita raiva desse fato. Queria mudar tudo... Queria até processar todo mundo... Mas agora aprendi que foi uma coisa legal, pois me animou a escrever minha história. Hoje percebo quanto trabalho precisa para se escrever um livro. Ufa!*

*Assim, aprendi a ler de verdade. Hoje, percebo que leio melhor do que escrevo, pois é mais fácil para eu ler as palavras e frases no computador. Assim, estou escrevendo meu livro com a ajudinha da Cris, e leio cada palavra para ver se está dizendo o que quero que seja dito.*

*Bem, voltando para nossos encontros... Eu gostava de fazer teatro, mas a gente continuava a trabalhar com as palavras e também com pequenos textos. A Cris insistia. Teve um tempo em que eu chegava lá e, depois de nosso almoço delicioso, ficava deitada em um colchonete, de mãos dadas com ela, coberta com um cobertor (quando estava mais frio) e ficava imaginando uma história.*

*Enquanto eu criava a história do dia, a Cris escrevia e eu ficava controlando cada palavra que ela escrevia. Se havia algo que ela escrevia de diferente, eu não deixava. De jeito nenhum! Dia após dia, o personagem que eu criei ia vivendo muitas coisas fáceis e outras difíceis. Vou contar um pouco sobre ele.*

# 19 PROCESSO TRANSFERENCIAL: GUSTAVO, PERSONAGEM QUE REFLETE SEU EU

No decorrer do atendimento arteterapêutico, Ana criou um personagem a quem chamou de Gustavo – um menino cheio de problemas e doente. Nessa história, é possível observar um processo transferencial muito forte dela em relação ao personagem principal, um reflexo do que ela via em sua própria imagem. Trazemos aqui um olhar a partir de Winnicott (1989, 1990, 1993, 1994), em uma tessitura que pretende ampliar o fato em si e significá-lo à luz de sua teoria. A história original foi "organizada" de modo que se possa entrever um fio condutor que permeou todo o processo que durou um ano e dois meses.

Tudo começou com o pedido de Ana de que nossos encontros fossem na hora do almoço. Inicialmente, chegamos a ir juntas ao McDonald, mas, depois, ela trazia os sanduíches de modo que almoçássemos juntas. Assim aconteceu por longos meses, semana após semana.

O alimentar-se permeava nossa relação e concretizava nossa partilha: preparava a mesa para recebê-la, com os sanduíches. Atendia, nesse momento, a um pedido seu de deixar tudo pronto para nosso almoço, apenas nosso. Sentia uma cumplicidade amorosa presente no processo transferencial vivenciado por nós.

Perguntava-me se costumava ir ao McDonald, ao que respondia: *"Não, só como McDonald com você!"* Ana me olha e parece achar aquilo interessante. Em verdade, havia algo em seu olhar que traduzia uma certa surpresa gostosa. O simbolismo de sua atitude reflete sua abertura para algo novo, que desconhecia até então, afinal, os sanduíches do McDonald eram algo que faziam parte de seu dia-a-dia. Sentia-me disponível para ela, o que é absolutamente verdade.

Assim, Ana foi se organizando e valorizando as referências sutis que introduzia em nossas sessões: nesse momento, o fato de que essa experiência era apenas nossa. Aos poucos, nossos almoços foram se tornando espontâneos e menos ansiosos, conversávamos sobre o que tinha acontecido na escola e sobre suas conquistas e aprendizagens: *"A tia Lúcia falou que vocês, na reunião, vão contar como a gente está e em que precisa melhorar. Eu vou ficar com um monte de S - suficiente - no boletim!"*

Começávamos a viver o mundo compartilhado, bem aos poucos. A escola é a escola, o espaço comigo era apenas nosso, mas podia começar a conservar uma parte dela nos dois lugares. Seu movimento vinha naturalmente, ou seja, ela própria estava construindo a integração das várias "Anas" nos vários lugares. Dia após dia, construímos nossa história...

O *setting* terapêutico era preparado por Ana: empurrava os móveis e mesas da sala, de modo a ampliar nosso espaço. *"Eu quero bastante espaço!"*, dizia, ao fazê-lo. Enquanto almoçávamos, anunciava o que iria acontecer naquele dia com Gustavo. Ajudava a preparar os colchonetes, colocados lado a lado, separava as cobertas se quisesse fazer uso delas depois. Pedia sua história e se orgulhava quando percebia que o número de folhas aumentava sessão após sessão.

Eu lhe trazia os registros escritos dos encontros anteriores, realizados na medida em que Ana ia contando e vivenciando a história daquele dia. Cada palavra era acompanhada pelo olhar seu atento, que queria ver sua história escrita exatamente como tinha elaborado. A rigidez de seu pensamento se manifestava na busca de *handling* e *holding* para poder ser si mesma. Pouco a pouco, foi trazendo aspectos perdidos de si e unindo, como podia, em um relato do profundo de sua psique. Da desintegração, foi personalizando e realizando, integrando conteúdos primários que podemos compreender como suas tarefas de bebê, dentro de uma visão winnicottiana.

Ana deitava, eu também me deitava ao seu lado, luzes apagadas e ambas permaneciam de mãos dadas... A história se iniciava, recebendo apenas a iluminação da grande porta de vidro jateado da enorme sala onde a encenação se desenrolava. Fantasia e realidade emergiam pouco a pouco. As mãos dadas representavam a fase inicial de dependência absoluta que Ana precisava experienciar de fato. Vivia seu mundo subjetivo, com breves movimentos de saída, o caminho para as relações com o objeto. Para poder se relacionar com o mundo compartilhado, o caminho é o objeto subjetivo. Ana criou o um espaço outro, para poder se relacionar com o objeto objetivamente. Um espaço transicional, de um tamanho suficientemente bom, onde há uma mão que toca e estabelece contato, uma mão que abraça, que dá respaldo e carinho. Aceita tantos desacertos e está sempre presente.

Em sua fantasia, a presença do pai era constante. Ele assumia o papel daquele que é o "chefe da família". A mãe emerge como uma figura muito ligada ao pai, sendo que juntos procuravam fazer o que lhes parecia melhor para seus filhos.

A relação afetiva difícil entre pai e mãe é percebida e sentida, verbalizada no lamento da mãe e na ameaça do irmão da separação dos dois. Enfim, no fato em si vivido a cada dia na realidade do divórcio dos seus pais.

*Moravam em uma casa o pai, a mãe, e um casal de filhos: Gustavo e Daniela. O pai era médico e a mãe dona-de-casa. Um dia, o pai, que sofria de problemas cardíacos, precisou ficar alguns dias internado no hospital. Sua família ficou muito preocupada com ele, mas não era nada sério.*

*As pessoas não gostavam de carinho nesta casa, exceto a mãe. Essa procurava ficar perto do marido e dos filhos e, mesmo que eles não quisessem, tentava sempre fazer um carinho neles. Algumas vezes, ela se queixava que o marido não ficava junto dela, nem tão pouco a acariciava.*

Pode-se perceber que essa mãe tentava exercer o papel da mãe ambiente-continente, capaz de assegurar a integração necessária ao amadurecimento dos filhos. Entretanto, na visão winnicottiana, a mãe sozinha não consegue propiciar o desenvolvimento saudável do bebê, sendo necessária a segurança que a figura paterna exerce.

Em sua história, podemos observar que a mãe queixa-se do distanciamento do pai e, por mais que se esforce, não consegue preencher sempre o espaço da mãe suficientemente boa, frustrando-se com isso.

Podemos comparar esses personagens aos da vida real de Ana: o amor de sua mãe não conseguia dar conta da necessidade interna de seus filhos de terem um pai e uma mãe reais, apesar de procurar fazê-lo com um esforço tremendo. Como conseqüência, os filhos acabam sentindo certo descompasso nesse ambiente e sofrem.

*Um dia, conversando com seu marido sobre isto, o casal ouviu um grito de Gustavo e saiu correndo para ver o que havia acontecido. O menino estava machucado e foi preciso levá-lo até o hospital para que engessasse a perna.*

*Procurando saber o que havia acontecido, eles descobriram que os filhos tinham brigado e que Daniela acabou quebrando a perna de Gustavo. De castigo, Daniela ficou alguns dias trancada em seu quarto.*

*Bem, mas logo após se restabelecer, Gustavo tirou o gesso e voltou a jogar bola. Ele adorava futebol.*

O personagem Gustavo é um menino que está sempre doente e precisa ir ao hospital. Há um enrijecimento de sua psique presente, talvez como manifestação de sua desestruturação interna que precisava ser contida. Para assegurar a integração dos aspectos desestruturados que sentia viver, engessava as pernas de Gustavo, de modo que pudesse ter tempo para que sua psique encontrasse seu caminho de realização e personalização, e integrasse alguns de seus conteúdos primários. Quando se sentia livre, seus movimentos eram soltos e alegres. Gustavo expressava sua plenitude de ser si mesmo na ação esportiva, assim como Ana em sua vida real.

*Gustavo era um garoto que vivia muito doente e, muitas vezes, precisava ir para o hospital e até ficava internado. Tomava muita injeção, era triste e chateado com tudo e com todos. Tinha dia em que ele piorava, ou então recebia uma visita e ficava mais contente. Até chegou a voltar para casa com a mãe.*

Um dia Ana falou: *"Eu sou o Gustavo".* Descreve como um menino que precisa ficar em constante observação, faz muitos exames e precisa de atendimento médico para que melhore seu comportamento. Internamente, os personagens Gustavo e Daniela, irmãos que estão em constante conflito, talvez representem o que Ana sentia internamente em relação ao seu desejo inconsciente de ser homem. Ao mesmo tempo, mantinha a presença de um pai que, como sabemos, era completamente ausente. Nesse sentido, reconhecia e se identificava com a força masculina da mãe, disposta a tudo para que melhorasse dos sintomas que apresentava.

*Os pais se preocupavam muito com as constantes discussões dos filhos. Gustavo e Daniela brigavam tanto que um dia a mãe pensou em levá-los a um médico para que esse receitasse algo que pudesse melhorar o comportamento dos dois.*

*Certa vez, o marido achou que sua mulher estivesse grávida. Gustavo logo opinou, dizendo que se tratava de um menino e que deveria se chamar Daniel.*

*Conversando com Gustavo, a mãe se queixou que o marido não ficava com ela.* Então, o menino disse que o pai estava pensando em se separar da mãe e que, se isso realmente ocorresse, ele arrumaria as malas para também ir embora. *A mãe de Gustavo ficou chateada e triste, mas nada disso aconteceu e o pai continuou na casa junto com sua família. Acorda!!! Gritou o marido para a mulher. Gustavo quebrou a perna no campo de futebol mais uma vez, precisamos vê-lo no hospital. Saíram correndo para o hospital, para encontrar com Gustavo.*

Gustavo vive embebido no dilema familiar, na estrutura que precisaria receber. Mas não lhe é suficiente por ter, de fato, um pai absolutamente ausente. A mãe se sente rejeitada pela não possibilidade de atingir seu grande objetivo: a cura do filho.

*A mãe voltou triste, muito triste. Chorava, pois ao chegar no hospital, seu filho disse que não queria seu carinho e que muito menos desejava que ela ficasse junto a ele.*

*Quando Daniela soube da situação do irmão, não se mostrou preocupada e foi passear no shopping.*

O potencial inato para o amadurecimento, ainda segundo Winnicott, não se desenvolve por si só: ele depende de um ambiente facilitador. Como podemos observar, há dificuldade da mãe em dar o carinho ao filho, bem como dele em receber o seu amor. Não basta que ela simplesmente ofereça esse amor: ela precisa entender que a forma como o filho irá recebê-lo não necessariamente corresponde às suas expectativas.

Assim, a mãe pode apresentar dificuldades em olhar para o seu filho como separado e independente dela, não suprindo suas necessidades primárias. Em função disso, o desenvolvimento saudável do bebê pode ser prejudicado, trazendo complicações físicas ou psicológicas.

Aqui, vemos Gustavo repleto de problemas físicos, que irão se repetir ao longo da história, tal qual ocorreu com Ana em sua vida.

*Um dia, sua mãe, já chateada com Gustavo que estava no hospital, encontrou um bilhete que logo percebeu que era coisa da Daniela. Esse bilhete dizia que o marido queria se separar. Mais uma vez, Daniela ficou de castigo.*

*Neste momento, o pai voltava chateado do hospital contando que Gustavo teria de ficar dois meses de cama e que os últimos exames livraram-no da operação e da cadeira de rodas.*

A escola representa um espaço importante para a constituição de si mesma. As dificuldades a seguravam, mas sabia que podia contar com uma ambiência de apoio e confiar que tudo seria feito para que pudesse "melhorar".

*Preocupados com os estudos do filho, os pais entraram em contato com a escola avisando da sua ausência por dois meses e que levariam lições para fazer em casa.*

*Com professora particular e estudando em casa, Gustavo se saiu muito bem, com boas notas no boletim. Por sorte Gustavo tirou boas notas, mas por azar teve que voltar ao hospital ficando lá por mais um período e voltou para casa em cadeira de rodas. Todos estavam preocupados com Gustavo. Daniela até ficava chorando no quarto e sua mãe sempre dizia: "ele vai melhorar".*

*Ao voltar para casa, todos: o pai, a mãe e Daniela, tentavam tudo para fazer Gustavo levantar e executar alguma atividade. Ele tinha febre de até 42° e chegava a ter convulsões: tremia, porque a febre aumentava.*

De certa forma, Gustavo anuncia que algo está para acontecer. Uma recusa interna de viver, um estado de doença constante em que se reconhecia com limitações reais e incontroláveis. A figura do médico permanece central, aquele que conhece o caminho.

*O pai telefonava direto, pedindo para os familiares convencerem Gustavo a levantar e fazer alguma atividade, inclusive, fazer refeição.*

*Consultaram um médico, o qual aconselhou-os a levá-lo para o hospital.*

Nesse momento, Ana anuncia o que seu psiquismo está preparando: o processo que irá viver no ano seguinte. É a figura paterna que emerge como aquela que toma as providências e realiza a ação. Mas, como está fora de seu controle, precisa de ajuda do médico e de um outro ambiente onde possa se recuperar. É interessante observar que a figura da mãe está acompanhando o pai neste momento: juntos cuidam de Gustavo que se recusa a se alimentar.

*Um dia, Daniela chegou feliz e disse para Gustavo: — Todos, na escola estão morrendo de saudades de você. Eles estão rezando para você sarar logo, voltar para a escola e sair dessa cadeira de rodas. Entregou um livro para ele, que não quis saber de nada. No dia seguinte, foi ao hospital tirar os pontos.*

*Daniela e Gustavo, pra variar, brigaram e Daniela empurrou Gustavo, que se machucou. A enfermeira levou-o para o hospital e Daniela foi novamente de castigo para o quarto.*

O ambiente dá limites que precisam ser respeitados e solicitam dela uma adaptação. Entretanto, lhe é difícil adaptar-se e Gustavo prefere se retirar para uma ambiência onde seu tempo e seu espaço são respeitados, pois pode ser cuidado.

Ao entristecer, entra em contato com o real, mas sente dificuldade em criar e realizar. Nesse momento, prefere encontrar um caminho aparentemente mais fácil, que é o de matar a forma que existe, no aqui e agora, para finalizar um processo de não existência.

*O pai encontrou no quarto dela um revólver e ela estava triste porque ninguém lhe dava atenção. Conseguira o revólver de um amigo. O pai então explicou a ela que não se pode ter arma em casa.*

*Passados alguns dias, todos acharam que Gustavo estava melhorando. Ele queria levantar, mas estava com medo de cair. Fez um esforço e conseguiu.*

*O dia que chegou seu boletim foi uma festa. Gustavo sarou.*

Com o apoio de todos, pode encontrar seu caminho e personalizar, realizando o que o mundo solicitava de modo a integrar, alcançando seu objetivo. Precisou reunir toda força que tinha, lidar com o medo e ir adiante. Assim, sarou.

*Passado algum tempo Gustavo, sentiu dores no pé e, mais uma vez, foi para o hospital, precisou engessar. Depois tirou o gesso fez exercícios de fisioterapia, mas se recusava a fazer massagem. A perna de Gustavo já estava bem sensível e, mesmo depois desse tratamento, um dia foi com Daniela patinar, acabou caindo e se machucando.*

A capacidade da mãe em identificar-se com seu filho e permitir-lhe a base para que ele seja um ser que experimenta a si mesmo é chamada por Winnicott de *holding*. Entretanto, dificuldades podem acarretar alterações no desenvolvimento saudável do bebê.

No caso de Ana, como sabemos, a mãe passara pela perda do pai, constituindo uma experiência de luto muito intensa e que, inevitavelmente, marcaram seu desenvolvimento intra-uterino e interferiram na entrega de amor ao bebê recém nascido.

A criança, ao nascer, vive a fase de dependência absoluta: necessita do apoio materno para passar para a fase de dependência relativa, quando começa a conseguir se relacionar com o mundo. É durante a fase de dependência relativa que a criança vive os estados de integração e não integração, formando os conceitos de eu e não eu, mundo interno e mundo externo.

Podemos interpretar que Gustavo pode ter tido dificuldades nessa fase, não conseguindo interagir de uma forma saudável com o mundo, diferentemente do que ocorre com sua irmã. Da mesma forma, na família de Ana, seus irmãos apresentam uma interação com o mundo externo normal, o que não ocorre com ela.

*No Natal, Gustavo voltou a jogar futebol, tanto que seu presente de Papai Noel foi uma bola de futebol e Daniela ganhou uma bola de basquete. Infelizmente, depois de alguns dias, Gustavo recebeu o diagnóstico que iria ficar paralítico e andar de cadeira de rodas pelo resto da vida. Daniela, nesta hora, tinha ido dormir na casa de uma amiga e o pai, muito bravo, mandou o motorista buscá-la e deixou-a de castigo, mas logo foi chamá-la para almoçar.*

Neste momento, Gustavo está vivendo um tempo de vida compartilhada, em que todos devem participar juntos do que está acontecendo com ele. Assim, está se preparando para se distanciar da mãe, o que ocorre um pouco depois.

*A mãe foi viajar e ficou fora dois meses. Quando voltou, encontrou Gustavo andando e correndo. Chegou o aniversário de Gustavo, o pai lhe deu um cachorro boxer, chamado Simba. Daniela ficou enciumada: também ganhou um cachorro chamado Nala e um aquário com dois peixinhos. De presente, a mãe deu a Gustavo um jogo de pintura e para Daniela, uma roupa de jogador.*

Agora, Ana demonstra estar conseguindo aumentar a distância da mãe por um tempo mais longo. Um bebê não consegue permanecer longe da mãe muito tempo, apenas quando está crescendo. Conforme vai se desenvolvendo é que o tempo de ausência da mãe pode ir aumentando. Aqui, expressa seu crescimento ao contar que Gustavo pode ficar longe da mãe durante todo esse tempo! Observou-me atentamente escrever *dois meses*, e, em tom de brincadeira, disse que quem ficava cuidando dela era a Dra. Bruna.

*Certo dia, Gustavo saiu com seu motorista, que bateu o carro e os dois acabaram se machucando. Dra. Bruna e seu marido são os médicos que cuidam deles.*

*O pai recebeu o telefonema e a mãe, ao ouvir a notícia desmaiou e os dois foram correndo para o hospital.*

Podemos perceber que Ana já começa a distinguir a realidade da fantasia. Os médicos são aqueles que cuidam, e o pai e a mãe vivenciam o papel de apoio familiar. O pai dá apoio à mãe, como um cuidado para com ela.

*Apesar de Gustavo ter que engessar novamente sua perna, foi liberado; só o motorista que acabou por ficar internado alguns dias no hospital.*

*Através de um bilhete mandado pela professora, a mãe ficou sabendo que Gustavo havia copiado a lição de um amigo.*

*Mesmo assim, fez uma surpresa dando-lhe de presente um vídeo game com um jogo que ele queria.*

Gustavo está fazendo um movimento de tentar se adaptar à escola, que apresenta tarefas difíceis. Sua saída é copiar do colega, como um adolescente que está vivendo um momento de presunção cognitiva, quando acredita que "sabe mais" do que o adulto. Mas, para poder crescer, ele precisa piorar, ou seja, entrar em depressão novamente e assim poder se aproximar da realidade.

*Para acrescentar à tristeza da mãe, o pai chega dizendo que, por causa dos remédios, Gustavo havia piorado e precisaria ficar internado. Dr. Daniel disse que precisava operar do coração.*

Nesse dia, perguntei-lhe como seria a operação. Respondeu-me que era o médico quem sabia. Então, disse-lhe: *"Ana, não dá para operar você de barriga para baixo"*. Aí, ela virou de barriga para cima e eu aqueci minhas mãos, esfregando uma contra a outra, e toquei bem de leve na região do coração, de uma forma bem delicada.

Seu olhar, nesse momento, era diferente: havia um misto de alegria e prazer, transmitia certa emoção. Não era um olhar desconectado. Depois de um tempo ela falou que estava pronta e terminei a "cirurgia", Ana virou de lado e adormeceu por alguns minutos, segurando minha mão.

*De repente já estava de manhã e a mãe vem visitar e vai embora. Ficam Gustavo, Dra. Bruna e o médico.*

Ana demorou para ir embora. Esticou nosso tempo, mesmo sabendo que havia terminado. Esse é um fato relevante, pois normalmente observava o relógio e quando chegava o horário levantava e saía correndo. Mas, nesse dia, levantou-se mais tranqüila e a acompanhei, como sempre, até a porta. Entrou no carro e sorriu para mim, acenando, enquanto o carro se movimentava.

*Para piorar a situação da casa, Daniela acaba se machucando e fica no mesmo quarto que seu irmão. Depois de três meses, Gustavo volta para casa, acaba brigando com Daniela e joga barata e rato nela.*

A luta interna se expressa nos movimentos instintivos e primitivos representados pelos animais. Entretanto, seu psiquismo não dá conta de integrá-los à consciência e permanece doente, precisa inclusive de receber oxigênio para poder continuar a viver.

Está trazendo à tona seu trauma, que significa quebra de continuidade na existência do indivíduo. O elemento essencial da vida é percebido como falta e ele deprime, precisa de mais cuidados e os recebe.

*Não permanece muito tempo em casa, Gustavo volta ao hospital, ficando desta vez entubado durante seis meses. Sua mãe fica o tempo todo acariciando-o, mas ele se revolta.*

A relação que estabelece com o tempo real e com o espaço demonstra como lhe era difícil adaptar-se ao mundo compartilhado. Em sua fantasia, talvez ficar doente representasse a perda e, portanto, a tomada de consciência de que algo estava mudando.

Para que isso pudesse continuar em seu processo natural, sentia necessidade da presença incondicional da mãe suficientemente boa que se coloca como seu objeto subjetivo ali, disponível para ele.

Entretanto, ele já se percebe crescido e não aceita sua própria condição de não conseguir realizar e se revolta. É a motilidade psíquica que se apresenta, demonstrando um movimento interno de crescimento. Ao se revoltar, alavanca de dentro de si energia de constituição de si mesmo. Está crescendo.

Para Winnicott, a mãe saudável pode retardar sua função de não conseguir se adaptar até que os bebês possam reagir com raiva, em vez de ficar traumatizado pelas incapacidades da mãe. É somente sobre uma continuidade no existir que o sentido *self*, de se sentir real, de ser, pode finalmente vir a se estabelecer como uma característica da personalidade do indivíduo.

*Desconfiado, o pai diz para a mãe que talvez Gustavo tivesse que ficar hospitalizado para sempre, pois seu caso havia se agravado. Inconformada, a mãe disse que lutaria até o fim.*

*No meio de tanta tristeza, chega uma boa notícia, dizendo que Gustavo poderia ficar durante uma semana em casa.*

*Daniela então, convidou-o para sair ao show dos Dismonas Aloprados, mas ele não aceita e ela acaba ficando em casa para fazer companhia a ele.*

*Gustavo fez o tratamento de forma correta e, por isso, não precisou mais do hospital.*

As regras sociais já podem ser melhor compreendidas e ele vive a perda e entristece na solidão do hospital, para se adaptar às necessidades que a realidade lhe impinge. Assim, ela pode ser reconhecida pelo social e aprender.

*Passado meses, chegou o último boletim, com média boa, aprovando Gustavo para a 7ª série e Daniela, para a 6ª série. Todos na casa ficam aliviados.*

*Curtindo seu cachorro Simba, Gustavo provoca-o, ele morde a perna de Daniela e o pai se diverte.*

Aqui, ela acredita que algo externo a está machucando, mesmo quando está se divertindo. Mas também permite ser cuidada. Está reconhecendo por meio de sentidos próprios, criando uma experiência regredida. Assim, trás as referências que possui de dependência e as falhas do ambiente.

*Teve que ser operado muitas vezes, da coluna. Outras vezes, ele foi operado da cabeça. Nesses dias, recebia uma massagem para ajudar na recuperação que o fazia se sentir bem de verdade.*

Quando é operado, sempre há uma interação de Ana comigo, ela se prepara para ser operada e demonstra, claramente, que está experienciando aquele momento. Realiza e personaliza, o que lhe permite integrar, daí sentir-se bem. Nesses dias, ia embora mais leve, demonstrando que sentia-se melhor.

*Gustavo precisava ficar no hospital muitos dias, para se recuperar da operação. Quando Gustavo ficava bravo, todo mundo saía de perto. Gustavo nunca melhorou.*

O desenvolvimento depende de um ambiente satisfatório. Gustavo precisava ser cuidado em um espaço onde a transicionalidade lhe fosse própria: o hospital. Assim, foi tornando possível ser uma criança saudável. A agressividade representava sua condição de saúde.

Mas, somente quando começa a distinguir entre o *eu* e o *não eu*, entre o real compartilhado e os fenômenos da realidade psíquica pessoal, é que pode começar a existir.

*Gustavo começou a beber. Tem uma namorada, com quem se casa. Tem dois filhos e está com 49 anos. Um dia briga com Priscila e começa a beber. Quando o médico pergunta por que está bebendo, diz que é por causa dela.*

Ana começa a viver em um mundo onde o tempo e o espaço parecem conviver. A psicodinâmica da relação com sua mãe e sua família emerge nas metáforas da experiência compartilhada. O ambiente e os ajustes adaptativos progressivos foram trazidos gradualmente às necessidades individuais.

Surgiram aspectos ligados à função paterna, complementando as obrigações da mãe e da família, com sua maneira cada vez mais complexa de introduzir o princípio da realidade. Ana estava entrando em sua adolescência e se iniciando em um novo tempo de vida.

# 20 | ESTUDO SOB O PONTO DE VISTA NEUROPSICOLÓGICO

Diante de toda história de Ana, personagem central deste livro, consideramos interessante levantar, de forma mais objetiva e organizada, o que denominamos como um estudo neuropsicológico. Desta forma, pode-se compreender, sob o ponto de vista técnico, diferentes aspectos presentes em seu psiquismo, que participam do que apresenta atualmente como sintoma, sempre pautado em um quadro clínico de evolução complexa.

Nesta direção, escolhemos levantar a queixa principal atual, os antecedentes familiares, história de vida, aspectos pontuais de seu desenvolvimento neuro-psico-motor e cognitivo-afetivo, assim como hipóteses diagnósticas de médicos e especialistas em saúde e aprendizagem levantadas em diferentes momentos de sua vida.

Tecemos aqui conversas que ocorreram em diferentes momentos de todo processo vivenciado por Ana, em especial a partir do olhar e da compreensão de sua mãe, que se dispôs a participar desta tessitura, relembrando fatos, resgatando anotações feitas nos encontros com os diferentes profissionais, disponibilizando laudos técnicos e apresentando como ela própria foi vivendo esse processo.

Em um quadro que apresentamos em um capítulo mais à frente, procuramos relacionar alguns dos resultados de exames realizados no decorrer de seu desenvolvimento, com as condutas médicas e medicamentos utilizados com o intuito de melhorar as condições de vida de Ana. Diferentes profissionais da saúde solicitaram exames e ou medicaram, assim encontraremos aspectos relacionados a diferentes especialidades médicas: neuropediatra, neurologista, neuropsiquiatra, neuropsicóloga, psiquiatra e oncologista.

Vale ressaltar que todo este estudo apenas se tornou possível, pelo acesso que tivemos a seus exames, desde sempre. Ou seja, o que está descrito corresponde ao que foi efetivamente experienciado por ela e todos ao seu redor, uma vez que cada pessoa com quem partilhou e partilha sua existência tem um papel e representa um pouquinho ou muito do que Ana é e pode vir a Ser.

## 20.1 Queixa principal atual

Ana apresenta dificuldades graves de aprendizagem relacionadas à linguagem e ao raciocínio, assim como atitudes anti-sociais: agressividade verbal, grave oscilação de humor e de comportamento. Houve remissão de um Linfoma de Hodgkin: está curada, mas seu acompanhamento mantém-se indispensável.

## 20.2 Antecedentes familiares

Como dados de antecedentes familiares há, no ramo materno: **epilepsia convulsiva** (tio) e **depressão** (avó) sendo que há comorbidade dos dois nos bisavós por parte da avó. Encontramos também **canhotismo** em um primo-irmão e **câncer** (avô).

No ramo paterno: **D. AlzheImer** e **diabetes** (avô); comorbidade de **esquizofrenia** e **psicopatia** (pai).

# 20.3 Aspectos relevantes de sua história de vida

Ana é a mais velha de três filhos. Após seu nascimento os pais se separaram e voltaram a viver juntos, tendo nascido seus dois irmãos gêmeos quando tinha três anos e oito meses. Os pais se separaram definitivamente desde que Ana tinha seis anos. Moram com a mãe, na casa da avó materna.

A gestação foi normal, mas com forte *stress* emocional desde quando estava com três meses de gravidez e recebeu a notícia que seu pai estava com um tumor cancerígeno na cabeça e teria pouco tempo de vida, sendo que faleceu antes de Ana nascer. A mãe teve uma reação de choque, quando recebeu a notícia. Ficou lívida, branca, diante da notícia.

Em um parto muito demorado, A. aparentemente teve uma anoxia e nasceu "roxinha", demorou para chorar: apresentou Apgar 6; no quinto minuto, 8 e em seguida 9. Foi para o berçário comum, embora tenha apresentado tremores ao nascer, o que determinou a chamada de um neuropediatra à maternidade. Este atribuiu os tremores à síndrome de abstinência de Nefasolina, substância que a mãe usava com muita freqüência durante a gestação. Teve icterícia sem complicações.

Ela foi um bebê fácil de lidar quanto à alimentação e ao sono. Mamava bem, até com certa voracidade, pois a mãe tinha muito leite.

Quando A. chorava, sua mãe ficava ansiosa, arrepiada e aflita. Não conseguia se ocupar dela por muito tempo, pois estava traumatizada com a morte do próprio pai. Sempre contou com a ajuda de pessoas para atender A. nos momentos em que se sentia mais fragilizada. Sua avó também estava muito triste com a morte do marido.

Com o tempo, a mãe foi notando que A. era muito parada: não engatinhava, não andava, não falava e estava sempre machucada porque caía muito: era "mole". Por vezes percebia que ela piscava muito os olhos, ou movimentava os lábios para o lado. Quando sentada, ficava durinha. Com o fato de cair muito, se apresentava constantemente machucada com pequenos traumatismos no rosto e no corpo. Andou com mais ou menos 2 anos e três meses.

Aos 2 anos e meio, a mãe a levou novamente ao neuropediatra e este pediu um Eletroencefalograma (EEG). Segundo ela, suas palavras foram: *"Os livros dizem que crianças só apresentam EEG alterado lá pelos 4 anos... Mãe fala... devo investigar"*. O traçado encefalográfico constatou que A. apresentava ausências repetidas, várias vezes ao dia, que permaneciam por alguns segundos. Não houve melhora com a medicação.

Sob orientação do neuropediatra, A. iniciou todo um acompanhamento de uma equipe de especialistas com o objetivo de auxiliar seu desenvolvimento neuro-psico-motor. A partir de então, foi assistida por fonoaudióloga, psicóloga, fisioterapeuta e terapeuta ocupacional. Passava a manhã inteira na clínica. Houve encaminhamento para terapia familiar, sendo que o pai jamais apareceu em qualquer sessão.

Apresentou alteração no desenvolvimento motor, tônus muscular molinho. Seu desenvolvimento ocorreu com demora para alcançar novas etapas, sempre foi "defasada". Tinha dificuldades pra aprender e para alcançar as etapas motoras.

Um amigo qualificado permaneceu com A. até depois dos irmãos nascerem, durante muito tempo. Demorou muito para falar. Segundo a mãe, não falava, gritava: *"Mamãe, dá, qué, nenê"*. A mãe permanecia muito presente e atenta, e atendia tudo que solicitava sem ela se esforçar. Relata que entendia o que ela "falava".

Falou com 5 ou 6 anos, utilizando comunicação por palavras. Aos seis anos houve a separação dos pais e A. pergunta: *"Por que papai foi embora?"*, ao que a mãe respondia: *"Porque o papai não gosta mais da mamãe."*. E A. dizia: *"Mas a mamãe é tão bonita!"*.

Usou Depakene e Rivotril por muito tempo, mas desenvolveu hepatite medicamentosa, passando a usar Zarontin e Rivotril.

Iniciou o aprendizado em uma escola na qual, segundo a mãe, "era uma tragédia": ninguém tinha controle sobre ela. A. berrava pra conseguir as coisas e era atendida imediatamente. Ficou nesta escola por 2 anos e depois foi para outra escola, onde se adaptou bem, do ponto de vista social. Fez o Jardim duas vezes e só depois o Pré, onde tinha várias amigas e ia feliz para a escola.

Seu aprendizado sempre ocorreu dentro de um ritmo próprio e mais lento, onde alguns aspectos psicomotores e cognitivos eram desenvolvidos com características que lhe eram peculiares. Aos nove anos, a fonoaudióloga encerrou seu trabalho e A. iniciou com a psicopedagoga por estar mais preparada para a alfabetização: queria aprender a ler e a escrever. Estava em uma terceira escola, onde era ajudada por um auxiliar de classe, mas, mesmo assim, ficava de lado, não progredia. Nunca acompanhou o grupo e não conseguia aprender, repetindo a 1ª série inúmeras vezes e evidenciando a diferença intelectual que se constelava. Esta escola funcionava por agrupamento, de onde saiu na 4ª série sem ter aprendido a ler e escrever direito.

Sempre se ressentiu das diferenças entre ela e seus irmãos: *"Por que eu sou diferente deles se saíram mesma barriga que eu?"* Acreditou em Coelho de Páscoa e em Papai Noel até seus 12 anos e, quando lhe é dito o contrário, chora e diz que a mãe a traiu, a enganou e é mentirosa! Por fim, mudou para uma escola especializada onde recebe um atendimento mais individualizado, e se sente mais contente com sua produção intelectual. Aprende a ler melhor, antes de aprender a escrever. Tem muita dificuldade com as quatro operações da matemática. Ali ficou até 1998, quando concluiu a 7ª série.

Nesta altura, seu neuropediatra havia iniciado a redução dos remédios e A. havia ficado esperançosa de melhoras, já que atribuía suas dificuldades aos remédios. Entretanto, continuou igual e, com a diminuição dos medicamentos, foi constatado foco irritativo no EEG, continuando-se o regime de drogas: Zarontin e Rivotril.

A. ficou mal: não comia, não bebia e precisou ser alimentada por sonda durante cinco meses e meio. Começo a ser assistida também por uma psiquiatra. Foi tratada com neuroléptico; engordou 25 kg e acabou ficando impregnada, gerando ainda mais revolta nela própria.

Houve vários psiquiatras que a atenderam em momentos diferentes, sendo que a primeira psiquiatra mantém seu atendimento até os tempos atuais.

Sempre se ressentia das diferenças entre ela e os irmãos. Ficou cada vez mais difícil de lidar, porque resistia a qualquer tratamento, brigava, ficava agressiva. Apresenta episódios de ansiedade aguda, muda de idéia a cada instante. Não quer ir à escola, tudo a incomoda. Mostra-se indecisa, tem medo de ficar sozinha e de que a mãe morra, ficando grudada na mãe.

Socialmente, A. está sem amigos, pois não sai de casa, não tem contato social. Sente-se feia, burra e incapaz. Quando sai, tem comportamentos inadequados como falar alto em qualquer ambiente. Ou então grita e sai andando meio a esmo, até retornar à sua casa. Nestes episódios, o motorista acompanha de perto ou de longe, até poder chamá-la para entrar no carro. A. aceita e acolhe seu convite, quando se sente mais tranqüila.

Com os irmãos, briga bastante até de tapas, embora goste deles. Não vê o pai e, com a mãe, tem brigado o tempo todo, acusa-a de forçá-la a ir a médicos que detesta. A relação entre elas está bastante desgastada.

## 20.4 Evolução do quadro e tratamentos

As hipóteses diagnósticas levantadas pelos médicos e especialistas, assim como a resposta aos tratamentos representam uma forma para compreender a evolução do desenvolvimento de A.

Com 2 anos e 6 meses, o neuropediatra diagnosticou **epilepsia infantil com ausências.** Na mesma época, sob o ponto de vista neurológico, A. apresenta um ligeiro atraso de desenvolvimento e um distúrbio de atenção que prejudica sua capacidade para aprendizagem.

A psicóloga aponta um distúrbio com **atraso global de desenvolvimento**, em que há desarmonia nas funções psíquicas. A dificuldade para o aprendizado da leitura e da escrita é grande, assim como do raciocínio lógico. Aos nove anos apresenta desenvolvimento cognitivo pré-operatório, não tem conservação de número e de quantidades descontínuas. Classifica de forma rudimentar e tem bastante dificuldade para a inclusão de classes. A psicopedagoga descreve uma **alteração de aprendizagem em todas as áreas relacionadas à linguagem e ao raciocínio**. A. é canhota, tem importante dificuldade de coordenação viso-motora e grave distúrbio de atenção. Não há seqüência lógica de começo-meio-fim em suas histórias. Seu pensamento se expressa por justaposição e hiperinclusividade, sem análise e síntese dos elementos contextuais. Apreende a parte pelo todo, estabelece relações simples sob o ponto de vista da causa e efeito. Demonstra interesse em vencer suas dificuldades, mas mostra-se desesperançosa devido aos muitos insucessos escolares.

A partir da menarca, aos 11 anos e 10 meses, começa uma nova fase de recusas, agora em relação ao próprio corpo, não aceitando a condição de mulher. Quer operar o peito para ele ficar pequeno e recusa-se a usar sutiã. Cisma que quer ser homem como os irmãos e detesta ser peluda. A identidade sexual de A. foi um dos focos do atendimento psicológico que se manteve até 1997, quando A. pede para concluir o trabalho. Demonstra coerência ao conversar com sua psicóloga, está em uma fase do tratamento compreendido como promissor e tem seu pedido atendido.

Permanece com o acompanhamento da psicopedagoga e arteterapeuta, com quem tem um bom vínculo afetivo estabelecido. Nessa época, lê melhor do que escreve. Apresenta alterações importantes em sua escrita, tanto na construção de frases como na ortografia. Copia melhor do que escreve o que pensa. Apresenta pensamento operatório concreto, com a conservação de número e de quantidade. Articula estratégias no jogo de cartas, mas tem dificuldade na resolução de problemas matemáticos e de raciocínio. Em relação às quatro operações, compreende a soma e a subtração, mas não consegue abstrair os conceitos de divisão e multiplicação. Gosta de cozinhar, desenhar, pintar e de modelar com argila. Realiza trabalhos na oficina de artes, utilizando e explorando outros materiais como vela, sucata e madeira.

Em 1998, aos 14 anos e 7 meses, outro neurologista fez uma avaliação e considerou desnecessária a realização de novos exames. Diz que A. apresenta um **quadro estável, com as crises de ausências controladas,** e que o período da adolescência representa um momento de auto-avaliação, que pode gerar um nível elevado de ansiedade normal em qualquer adolescente. Além disso, considera ser um momento de se tratar as questões de ordem emocional e encaminha para um psiquiatra. É sua primeira ida a um psiquiatra.

No ano seguinte, passa a apresentar grande variabilidade de humor: da raiva e do choro para o riso. Sente muitas dores de estômago, mas se recusa a comer. Emagrece 17 kg e entra em um **quadro agudo de abstinência alimentar,** no qual permanece por 10 dias, internada em um hospital. A psiquiatra levanta a hipótese de um **quadro de negativismo psicótico** em que A. apresenta a negação de toda sua problemática e consegue experienciar o conflito de percebê-la. A. não queria mais viver. O tratamento posterior é acompanhado também por uma nutricionista, mesmo depois que A. retira a sonda por onde se alimentou por cinco meses e meio.

Após essa época, foi tratada com neurolépticos e engordou 25 kg. Recusa-se a ir à escola. No início de 2001, A. apresenta graves alterações de humor e alguns meses depois demonstra um comportamento "suicida". No Guarujá, nadou para o fundo do mar sem destino. Os bombeiros foram resgatá-la e A. bateu em três deles que chamaram mais pessoas para ajudar. Resultado: A. foi resgatada e, ao chegar à praia, uma camisa de força a aguardava. A mãe assina um termo de responsabilidade por não querer que A. vivenciasse tal experiência, e retorna com ela a São Paulo.

A. não consegue se manter em nenhuma escola, mesmo naquelas que propõem um atendimento individualizado. Está bastante fragilizada.

Um novo psiquiatra avaliou que A. estava impregnada e a internou em uma clínica psiquiátrica de modo a zerar a medicação.

O psiquiatra solicita uma avaliação neuropsicológica e, devido às condições de sua escolaridade e dificuldade em cooperar, optou-se pela utilização de testes mais apropriados para adolescentes até 11 anos, 11 meses e 30 dias (WISC-R). A. estava com 17 anos, portanto, podemos inferir que a hipótese diagnóstica inicial apontava para um atraso importante em seu desenvolvimento intelectual.

Apresentamos, a seguir, alguns dos aspectos que consideramos relevantes descritos no estudo realizado pela profissional habilitada para fazê-lo.

Relata que as provas foram realizadas sob condições não favoráveis de motivação, interesse e engajamento. A. entra na sala a contragosto e acusa a mãe de obrigá-la. Não entende o motivo ou o benefício dos exames, mesmo que lhe tenha sido explicado várias vezes. Sua revolta vinha num contexto de humor-irritadiço, assumindo proporções importantes devido à pouca possibilidade de utilizar de mecanismo de auto-contentação.

Nesse contexto, acabou por "cooperar" contrariada, geralmente limitando-se a dizer "não sei", ou respondendo pobremente às questões. Entretanto, na última sessão de testes, apresentava-se mais calma e mais cooperativa, ficando evidente que mesmo nestas circunstâncias tinha dificuldades importantes.

Os resultados mostraram que seu desempenho viso-motor era razoável em provas infantis, quando realizou a prova da "Figura do Rei", para crianças, mas não conseguiu ou se dispôs a copiar figuras mais complexas.

Seu canhotismo interfere na fluência na escrita, cobrindo o que escreve com a mão, ao invés de escrever "por baixo" da linha. É possível que esta proposta tenha dificultado a correção fácil à medida que escrevia, havendo na escrita muitos erros ortográficos. Por exemplo: "balançou o rabo para ficar bonito = balanso orago pelo ficar bonito"; "barriga = baica". As letras eram bem formadas.

Mostrou **dificuldades de atenção**: independentemente da baixa motivação, mesmo na melhor condição, sua amplitude atencional era muito baixa para estímulos seqüenciais. Houve piora notável quando as tarefas envolviam atenção dividida relacionada à memória operativa, sendo incapaz de manter algo em mente enquanto fazia computação mental – por exemplo, ao repetir números ao contrário, ou a manter frases longas "na cabeça". A dificuldade de atenção ocorreu tanto em relação a estímulos auditivo-visuais, nos dígitos, como visuais, nas janelas digitais.

Em parte relacionado à deficiência da atenção, A. apresenta reduzida capacidade de memória. Isto se verifica tanto para material verbal, como não-verbal, ou seja, no uso da memória para sentenças, histórias e cenas. Isto significa que A. tem dificuldades para registrar e para se lembrar mais tarde de coisas que ouve, lê ou vê, especialmente quando o material é extenso como em frases longas e textos. É capaz de lembrar-se de apenas de parte do material e, mesmo assim, com imprecisões.

É importante notar que A. **pode registrar melhor o material quando este é compreensível para ela**, e também quando é apresentado várias vezes: demonstra ter aprendizagem verbal. Mesmo assim, **seu desempenho não atinge o esperado para sua idade**.

Leitura e escrita, habilidades importantes para a adaptação, são razoáveis. **A leitura é melhor desenvolvida do que a escrita** que apresenta de forma hesitante, com dificuldade nas palavras não habituais.

É importante notar que A. teve **muita dificuldade na prova de memória, associando sons a símbolos** (aprendizagem Som-Símbolo), não conseguindo associar determinados sons aos desenhos (símbolos) em várias tentativas. Embora sua baixa cooperação possa ter contribuído par tal, A. obteve **resultado melhor em Aprendizagem**

**Verbal**, onde só devia demonstrar entender palavras. Portanto, é possível que sua dificuldade em leitura escrita tenha base em falhas do processamento viso-verbal. O **cálculo se limita à soma**; não **sabe subtrair nem converter operações**, como, por exemplo, substituir multiplicação por soma. Em parte devido às suas dificuldades instrumentais e à falta de motivação, A. obteve **resultados muito pobres na prova de nível intelectual** (WISC-R). Entretanto, aponta a existência de indícios sugerindo que, mesmo quando A. apresentava melhores condições de humor e motivação, não conseguia ter performance normal na escola.

A neuropsicóloga refere que os resultados não decorreram inteiramente da baixa cooperação nos testes, e apontaram funcionamento abaixo do limite normal. Isso ocorreu quanto à memória de conhecimentos escolares (informação); quanto à capacidade de abstração (semelhanças); atenção (dígitos); cálculo e raciocínio aritmético (aritmética); julgamento baseado no senso comum (compreensão).

Além disso, ficou caracterizado que A. tem **maior dificuldade em atividades não dependentes da linguagem, do que nas verbais.** Isto não interfere no desempenho em tarefas que requerem atenção e análise visual (completar figuras) ou coordenação de elementos em obediência ao tempo e espaço (arranjo de figuras) e também em tarefas que requerem planejamento viso-motor/ viso-espacial (cubos).

Seu diagnóstico refere um **quadro de stress devido ao esforço excessivo para aprender.** Na avaliação neuropsicológica A. é compreendida como uma **jovem com dificuldades importantes no plano instrumental e intelectual,** intensificadas pela baixa motivação, desinteresse e pouco engajamento. Relata que indícios sugerem que estas dificuldades ocorrem desde a infância. A orientação dada à família foi de se reformular os encaminhamentos, no sentido de treiná-la para a vida prática.

Houve a entrada de dois Acompanhantes Terapêuticos, um homem e uma mulher, sob a orientação do psiquiatra, de modo que A.

pudesse ser introduzida em situações de vida. Entretanto, sua resistência era muito grande e o trabalho não teve continuidade.

Meu trabalho como psicopedagoga e arteterapeuta se mantém, com espaçamento entre os encontros, ocasionado pelas alterações de humor. A psiquiatra que a atendeu quando da crise de abstinência alimentar mantém encontros semanais com A. até o tempo atual. Uma relação de vínculo se formou e permanece.

A partir de então, as oscilações de peso — entre 80 Kg, chegando a 100 Kg — e de humor tornam-se cada vez mais constantes e intensas, sendo muito difícil contê-la.

Em 2003, fez eletroconvulsoterapia, sob a orientação de um novo psiquiatra, o que trouxe benefícios visíveis à sua condição cognitiva. A. demonstra estar mais centrada e articula melhor as ações. Descreve uma situação com coerência, entretanto se queixa que sua memória está muito comprometida e demonstra consciência de suas limitações. As medicações continuam presentes, sem apresentar resultado satisfatório.

Já em 2006, uma nova avaliação psiquiátrica é feita, indicando **quadro gravíssimo irreversível de retardo mental**. Um mês depois, tomando todos os calmantes de última geração, não apresenta resultados e um novo neurologista aponta a comorbidade de uma **epilepsia de fundo com uma encefalopatia congênita**.

A. também mantém encontros regulares com essa psiquiatra, constituiu um espaço seu que preserva com carinho. Parece sentir-se acolhida e aceita.

No fim desse mesmo ano, é identificado o **Linfoma de Hodgkin**, iniciando um tratamento quimio e radioterápico. Está muito gorda, agressiva e oscila de humor de repente. Muito irritada, esquisita. Quer acabar com todo mundo ou fugir de casa. Desabafa na mãe e chega a bater em João, o motorista e grande amigo. Em uma de suas crises, chegou a quebrar o portão de ferro de casa.

Atualmente, o linfoma desapareceu: está curada, e o anticonvulsivante é dado para controlar a agressividade e os quadros impulsivos. Entretanto, tem muita dificuldade para modular suas respostas afetivas.

É relevante compreender que as hipóteses diagnósticas realizadas no decorrer de todo processo de A. descritas por sua mãe apontam para um quadro clínico de natureza bastante complexa, em que aspectos puderam ser melhor analisados e interpretados na medida em que A. foi crescendo. Inicialmente, as hipóteses diagnósticas eram mais inclusivas e abrangentes, entretanto sempre traziam como pano de fundo a epilepsia e a necessidade de controlar as crises de ausência, sendo que um distúrbio de personalidade foi evoluindo com real retardo em seu desenvolvimento mental.

Mesmo atualmente, A. apresenta crises epilépticas parciais, ou seja, ausências, em que realiza ações das quais não se recorda depois.

# 21 EPILEPSIA E DESENVOLVIMENTO AFETIVO-SOCIAL

Neste capítulo, nossa intenção é descrever aspectos relacionados à epilepsia, que podem auxiliar na compreensão da sintomatologia que A. registra em sua história. Coelho (1978) aponta que a epilepsia abrange manifestações clínicas, bioelétricas e psíquicas. Ressalta que há um temperamento peculiar expresso a partir das funções psíquicas e experiências vivenciadas em seu desenvolvimento psíquico.

Walz et allii (2004) descrevem as epilepsias como uma manifestação clínica resultante da atividade neuronal excessiva, hipersincrônica e anormal dos neurônios localizados predominantemente no córtex cerebral.

Para Dreyfuss (1996), na epilepsia as descargas elétricas cerebrais recorrentes provocam distúrbios no funcionamento cerebral que se manifestam em convulsões. Quando existe uma causa metabólica determinada geneticamente, as convulsões são conhecidas como idiopáticas ou primárias.

O referido autor aponta que há quatro tipos de convulsões generalizadas, sinalizadas pela perda de consciência: as crises de ausência, em que a atividade cerebral é interrompida e a criança pode apresentar certos automatismos; as convulsões mioclônicas, em que ocorre um pequeno abalo muscular relativamente brando; os ataques atônicos, em que ocorre uma queda repentina do corpo por causa da perda do tônus muscular e as convulsões tônico-clônicas, antigamente denominada de grande mal, em que a criança cai no chão, o corpo rígido com movimentos involuntários e bruscos.

Dreyfuss (1996) aponta que há também as chamadas convulsões parciais ou focais, que se mantém confinadas em determinada área do cérebro. Ressalta que se o lobo temporal está envolvido, a criança pode apresentar sensações psíquicas anormais como sentimento de irrealidade ou alterações de memória.

Descreve ainda as convulsões parciais complexas, que podem ser resultantes de uma convulsão parcial simples em que ocorre uma perda da consciência por ter se estendido até a área cerebral responsável por ela. Pode haver automatismos e a pessoa pode realizar atividades que parecem disfuncionais como mastigar ou estalar os lábios, mas, ao recobrar a consciência, não se lembra do que aconteceu.

E também apresenta o chamado estado de mal epiléptico, em que as convulsões se seguem uma após a outra sem que a pessoa tenha consciência do que está acontecendo. Podem ser do tipo tônico-clônicas generalizadas, ou com crises de ausência. Se envolver convulsões parciais, pode ser chamada de epilepsia parcial contínua.

As crises de ausência, segundo Soares (2004), se iniciam e terminam subitamente, tendo como principal sintoma um estado geralmente breve de alteração da consciência. Na crise de ausência não existe nunca uma aura ou um sinal premonitório, como em outros tipos de epilepsia convulsiva e o período de alteração da consciência é rápido, durando de 5 a 30 segundos.

Em alguns pacientes ocorre uma perda completa da consciência, em outros, apenas uma confusão mental ou obnubilação. Durante a crise, o paciente olha fixamente para o vazio, podendo ter a pupila dilatada e apresentar palidez cutânea. Sua atividade é interrompida de imediato e, por exemplo, ele pode deixar cair o que tem em suas mãos. Se é mais intensa, e há perda do tônus muscular, o paciente cai.

Ballone (2005) aponta que, além da falta de movimentos, podem ocorrer automatismos musculares repetitivos simples, como por exemplo, piscar de olhos, estalar os lábios, contrações musculares em volta dos olhos, espasmos nos braços ou pernas bilateralmente simétricos. Mas também pode surgir um comportamento automático mais complexo, como tirar ou colocar a roupa ou caminhar sem destino definido.

O autor refere que, quando um paciente está tendo uma crise de ausência, alterações são registradas no EEG: descargas estereotipadas, ponta-onda de 3 Hz, bilaterais. A epilepsia resultante da alteração de uma região delimitada de um hemisfério cerebral desencadeia manifestações e sintomas compatíveis com a região acometida, relacionados à sua fisiologia.

Aponta que a maioria das epilepsias parciais ocorre no lobo temporal, seguidas pelas do lobo frontal. Descreve ainda que delitos podem ser cometidos durante um episódio de automatismo psicomotor da epilepsia parcial, embora a execução dos atos possa ser lenta e desajeitada. Episódios de fúria denominados como furor epiléptico, podem ocorrer. A maior probabilidade de agressão física e furor está associada com estados confusionais pós-ictais prolongados, após uma crise do tipo grande mal, em pacientes epilépticos crônicos e geralmente institucionalizados.

Se esses episódios forem de origem epiléptica os distúrbios elétricos podem ser registrados no EEG. Os automatismos psicomotores são estados ictais caracterizados por atividades motoras complexas, isoladas do controle da vontade devido a descargas elétricas cerebrais paroxísticas. Uma quantidade significativa dos automatismos ictais está limitada à esfera oral e incluem deglutição, movimentos labiais, grunhidos, hipersalivação, mastigação com movimentos nas bochechas e língua. Inspiração profunda ou fungação. Esses podem ocorrer com o olhar penetrante e desvairado para o nada (Ballone, 2005).

Outra grande parte dos automatismos psicomotores, além dos movimentos bucais, é caracterizada por movimentos nas mãos, tais como apalpações na roupa, abotoar e desabotoar peças do vestuário etc. Os automatismos psicomotores podem durar de 30 segundos a 5 minutos.

Ressalta também que as fugas epilépticas são parecidas com os automatismos, mas complexas e duradouras. Consistem de distúrbios de comportamento com longa duração, associados com uma tendência a episódios de caminhadas sem destino, realizadas em um estado de amnésia lacunar, denominado como estado crepuscular da epilepsia. Distinguir uma fuga epiléptica das fugas histéricas ou depressivas é por vezes muito difícil.

Lishman (1998) ressalta que as fugas epilépticas podem durar muitas horas ou mesmo dias. O paciente pode vagar para longe de casa e depois se recobrar espontaneamente em um local estranho, não sabendo como teria conseguido chegar até ali. Ou pode ser encontrado quando ainda se acha no estado anormal de consciência, parecendo vago, perplexo e incoerente. Alguns desses pacientes acabam detidos pela polícia sem saber dizer sua própria identidade. Depois da recuperação, observa-se a amnésia completa para todos os eventos ocorridos durante a fuga.

Ballone (2005) aponta que as alterações cognitivas incluem alterações da fala, pensamento e memória, com um discurso compulsivo inadequado e exclamações súbitas. Tais manifestações, mais fortes, estão relacionadas às auras do lobo temporal. O paciente pode se aperceber da dificuldade para pensar de forma coerente, de misturar as coisas ou de grande confusão e turbilhão em sua mente. Nas alterações do pensamento da aura da Epilepsia Temporal pode haver ainda o fenômeno chamado de intrusão de pensamentos, com produção involuntária de palavras ou frases.

Schneider (1965) descreve a labilidade vivenciada pela personalidade psicopática do epiléptico, como caracterizada por tempos de explosão ou de depressão, com reações intensas e freqüentes de mau humor e irritabilidade.

Nas auras da epilepsia do lobo temporal também podem ocorrer fortes vivências afetivas, como o medo e a ansiedade intensos, sem controle e sem fatores desencadeantes. Outros sentimentos desagradáveis incluem depressão, culpa e raiva, em graus variados. Há também, mais raramente, sentimentos agradáveis de prazer, bem-aventurança e êxtase. O medo corre quando a descarga epiléptica envolve a metade anterior ou ambos ou lobos temporais, em 70% dos pacientes que apresentam focos nesta região.

Inegavelmente, a epilepsia resulta de um distúrbio fisiológico do SNC e não de conflitos intra-psíquicos, embora estes possam coexistir. Assim, os transtornos epileptiformes da personalidade seriam muito mais secundários a alterações funcionais do SNC, do que motivados por razões exclusivamente emocionais (Ballone, 2005).

Kaplan e Sadok (2000) apontam uma alta incidência de psicoses na epilepsia, ou seja, perturbações da personalidade comuns quando há esse tipo de disfunção do SNC. Referem que esse é um fato observável, mas não generalizável. Mas, alguns comportamentos relacionados à emoção e à impulsividade são muito encontrados em pacientes epilépticos. Os autores observam que os epilépticos convulsivos são menos propensos a alterações de personalidade do que aqueles não convulsivos.

Há uma pequena proporção de pacientes epilépticos que evoluem para um estado de demenciação, ou seja, para um declínio de suas funções cognitivas com comprometimento progressivo da memória, concentração e juízo crítico. Isto pode costuma acontecer depois de muitos anos de evolução da doença.

Segundo Lishman (1998), citado por Ballone (2005), a demência epiléptica geralmente está associada a uma severa deterioração da personalidade e, por vezes, com um importante transtorno de conduta sob a forma de impulsividade, irritabilidade e crises de ira. Os estudos de neuroimagem mostram atrofia cerebral nesses pacientes e são mais comuns quando a epilepsia é secundária a uma lesão cerebral, quando é severa, de difícil controle medicamentoso e de longa duração.

Conforme Schneider (1965), o paciente não consegue diferenciar o essencial do menos importante e se atrapalha com os detalhes, já que, para ele, tudo tem o mesmo valor. O pensamento é mais descritivo e concreto, a memória enfraquece e o vocabulário limitado. O círculo de interesses fica restrito. Reações de furor e cólera podem ser muito presentes.

Já Miranda Sá (2004) contrapõe as explicações dos estados demenciais atribuíveis à epilepsia em si, conseqüência de uma certa encefalopatia epiléptica ao longo dos anos, aos prejuízos ocasionados pelas drogas antiepilépticas, também usadas pelo paciente.

As crises do tipo ausência sempre voltam, ou seja, têm recidiva. Estudos prospectivos de recorrência após uma primeira crise mostram que o risco de recorrência em 2 anos é de cerca de 40%, tanto em crianças como em adultos.

Se a pessoas tem uma primeira crise convulsiva, mas o EEG é normal, há um risco em torno de 24% de repetição das crises. Esse risco será bem maior, aproximadamente 48%, no caso de, além da crise convulsiva generalizada, houver EEG anormal. E será maior ainda no caso de epilepsia conseqüente à lesão cerebral, ou síndrome neurológica anterior, com EEG anormal, ou seja, cerca de 65% (Soares, 2004).

Anormalidades no EEG acarretam um risco maior de recorrência das crises. O risco relativo também aumenta quando a primeira convulsão é uma crise parcial e, o risco de recorrência adicional após uma segunda crise, está acima de 80%. Uma segunda crise é, portanto, um marcador fidedigno de epilepsia.

As encefalopatias congênitas, de acordo com Ajuriaguerra e Marcelli (1991), constituem um grupo de afecções que podem ser de origem genética, hereditária ou adquirida no início ou durante a gravidez.

## 21.1 Será que existe uma Personalidade Epiléptica?

Encontramos autores que descrevem um conjunto de características de personalidade em epilépticos, tanto sob o ponto de vista comportamental quanto afetivo.

Ballone (2005) ressalta que os traços de viscosidade e explosividade predominariam, para alguns autores, na personalidade do portador de Epilepsia do Lobo Temporal. Cita autores que descreveram esses traços chamados gliscróide por Minkowska (1923), enequético por Stauder (1936), ixotímico, ixóide ou ixofrênico por Stromgren (1936) e viscosa, por Kretschmer (1956).

Segundo Kaplan e Sadok (1990), observa-se o aumento da agressividade em pacientes com lesões focais irritativas, particularmente do lobo temporal e frontal, amídala medial e tegumento mesoencefálico.

Bleuler (1985) descreve a intensidade e o descontrole dos impulsos emocionais e dos estados de ânimo como o aspecto mais dominante do caráter epiléptico. Ou seja, o paciente pode apresentar uma ira cega em circunstâncias que uma pessoa sadia apenas ficaria zangada. Há autores que referem que a alegria e a gratidão também podem emergir de forma exagerada nesses momentos.

Para Ballone (2005), um importante fato a ser lembrado é que traços e alterações de personalidade nem sempre constituem uma doença. Assim, de acordo com o conceito de Transtornos de Personalidade, há necessidade de concomitante prejuízo social e ocupacional.

Coelho (1978) apresenta aspectos presentes na maneira de ser do epiléptico: irritabilidade, explosividade, agressividade, querelância, viscosidade, instabilidade de humor.

Também se vê na prática clínica, outras alterações mais patológicas e responsáveis por alterações da sensopercepção, tais como alucinações e ilusões, não citadas por essa autora e encontradas em pacientes com alterações eletroencefalográficas do lobo temporal (Ballone, 2005).

O termo Personalidade Epileptóide é utilizado por Kaplan (2000) ao descrever o Transtornos Explosivo Intermitente classificado pelo DSM-IV (1996), como um dos Transtornos do Controle dos Impulsos, em que a violência episódica pode ocorrer em indivíduos com epilepsia parcial complexa, especialmente de origem temporal e frontal. Na CID-10 (1993) corresponde ao código F63 os Transtornos dos Hábitos e Impulsos: comportamentos em que o indivíduo tem dificuldade em resistir a impulsos para executar a ação agressiva. O paciente sente uma crescente tensão ou excitação antes de cometer o ato e, após cometê-lo, pode ou não haver arrependimento, autorecriminação ou culpa.

Na Síndrome Orgânica da Personalidade, relacionada principalmente à epilepsia do lobo frontal e raramente à epilepsia do lobo temporal, observa-se um distúrbio persistente da personalidade caracterizado por instabilidade afetiva, explosões de agressividade ou raiva recorrentes, comprometimento acentuado do julgamento social, apatia acentuada e indiferença, desconfiança ou ideação paranóide (Kaplan e Sadok, 2000).

Neste caso, pode haver um acentuado comprometimento social e ocupacional proporcional ao comprometimento do juízo crítico e às crises de explosividade, fato muito mais atenuado nos casos de Transtornos Explosivo Intermitente. Em ambos os casos, o indivíduo tem uma maneira própria de existir, de reagir e de sentir a vida e cuja etiologia supõe-se associada à um transtorno disrítmico do SNC, porém, sem que ocorram convulsões.

De todos os sintomas associados à epilepsia, destaca três: irritabilidade, instabilidade afetiva e viscosidade. Estes aspectos podem ser compreendidos como participantes da caracterização do epiléptico em uma abordagem psiquiátrica, sempre que desencadear sofrimento ao indivíduo ou àqueles que o rodeiam.

Entre as crises epilépticas interessa particularmente à psiquiatria, a Crise Parcial com Sintomatologia Psíquica. Estas crises podem se manifestar em forma de distúrbios paroxísticos da linguagem com crises de afasia transitórias, podem apresentar lapsos paroxísticos de memória, sensações de *"déjà vu"* ou de *"jamais vu"*.

O autor destaca que há queixas de distorções na percepção dos objetos, ora percebidos como aumentados ora como diminuídos, disformes, mudados de posição, etc. Nas crises parciais complexas, observam-se modificações paroxísticas do humor e do afeto, sensações de prazer e desprazer, episódios súbitos e imotivados de depressão e raiva, de medo e terror. O início e o término destas manifestações repentino e, freqüentemente, há outros sinais sugestivos de disritmia também presentes.

É fundamental que o clínico compreenda essas alterações sensoperceptivas e emocionais conseqüentes à epilepsia. Muitos psiquiatras têm grande inclinação à utilização de antipsicóticos e ou antidepressivos, mas, muitas vezes, os epilépticos respondem muito melhor ao uso de anticonvulsivantes, notadamente a carbamazepina.

Kaplan e Sadok (2000) ressaltam a importância de perceber que quando uma pessoa apresenta diferentes sinais e sintomas, estes podem conferir-lhes uma maneira peculiar de contatar a realidade e de viver. Neste enquadre, têm-se utilizado o termo Personalidade Epiléptica, Epileptiforme ou Epileptóide para designar esta constelação de características psíquicas associadas à atividade disrítmica do SNC, notadamente do lobo temporal.

Coelho (1978) encontrou dinamismos básicos e freqüentes que expressam em traços de personalidade do paciente e dos familiares. Assim, aponta as esferas psíquicas mais atingidas e os sistemas psíquicos dentro de cada esfera, que participam do quadro epilético. As esferas de personalidade — afetiva, conativa e intelectual — são unidades que abrangem, cada uma delas, um grupo de funções psíquicas, diferenciáveis por seus resultados. Não são conjuntos isolados. A ação de cada função conjuga-se à ação de um grupo definido das funções que formam unidades entre si os sistemas psíquicos.

Refere que os sistemas psíquicos resultam da distribuição peculiar das funções subjetivas que constituem a estrutura da personalidade. Cada sistema implica em uma relação de estímulo e de regência, respectivamente, entre funções mais básicas e aquelas mais dependentes e diferenciadas. As características assumidas por esses traços dependem da peculiaridade do indivíduo, de seu grau de amadurecimento de suas condições emocionais — que permitem a expressão dos afetos ou sua inibição — e da própria natureza do contato com o ambiente físico e social.

Coelho (1978) ressalta que, embora variem, esses traços constituem dinamismos comuns à espécie humana e estão ligados à estrutura da personalidade. Em psicopatologia, a alteração de determinados sistemas psíquicos e a participação fundamental de uma determinada esfera da personalidade poderá caracterizar um dado quadro clínico. Nesse sentido, as funções psíquicas têm relativa autonomia no conjunto da personalidade e permitem o estudo significativo das relações intrapsíquicas e dos dinamismos subjacentes à sua expressão, como traços psicológicos.

Neste contexto, pode apresentar uma tendência à auto-referência, com idéias que mantém o pensamento e o sentimento estagnados e emergem em reações deliróides, em que os traços negativos da personalidade emergem, assim como os conflitos internos e a angústia que sente (Alho Filho, 1997). O autor descreve que podemos encontrar delírios de interpretação e de reivindicação, que se diferenciam por tratarem de duas entidades nosológicas diferentes: no delírio de interpretação ocorrem reações violentas que se organizam a partir de múltiplas interpretações, já no delírio de reivindicação, há uma idéia que se impõe e determina o que "deve" ser feito, no sentido perseguido-perseguidor.

Para Coelho, a manifestação intensa das necessidades afetivas primárias interfere no processo intelectual de reflexão dos dados captados do ambiente externo, ou seja, há desgaste na disposição para a elaboração mental. O equivalente somático deste processo subjetivo é "fadiga crônica". Ocorrem alterações conativas e intelectuais resultantes do estímulo inadequado dos sentimentos, que se expressam na sociabilidade.

Sua expressão afetiva é lábil e imatura, as fantasias primárias sugerem alterações no julgamento da realidade, os sentimentos tornam-se instáveis e a adaptação emocional é precária. Manifestam sentimentos de modo intenso e imaturo.

Apresentam deficiência no processo de construção da própria autonomia e revelam necessidade contínua de aprovação e apoio psicológico no ambiente. Há elaboração insuficiente das experiências resultantes do convívio social.

O trabalho cognitivo pode ser dividido em fases: observação, elaboração e comunicação. Há predominância da observação concreta e escassez de abstração que se traduz, no plano afetivo, como imaturidade dos sentimentos.

Como resultado da imaturidade afetiva no plano conativo observa-se deficiência na ação afetiva ligada ao relacionamento interpessoal. Na expressão dos sentimentos, apresenta susceptibilidade afetiva exagerada e instabilidade de humor. Ao nível de individualidade, ocorrem manifestações abruptas de agressividade ou temores irracionais, resultantes da observação insuficiente dos eventos externos.

Quando a reação conativa é imediata e intensa, há pouca flexibilidade na elaboração mental. Há dependência e misticismo exagerado, assim como irritabilidade e liberação incontida dos impulsos.

Coelho (1978) refere que a esfera conativa traduz-se como polarização da disposição subjetiva para ação momentânea e irrefletida. A elaboração de dados captados do ambiente é insuficiente como conseqüência de distúrbios afetivos. A escassez do trabalho dedutivo dificulta a assimilação dos padrões comuns à maioria, o que acaba interferir na elaboração madura dos sentimentos.

Aponta ainda que a elaboração inadequada repercute como instabilidade de ação. No nível da comunicação, a expressão intelectual imatura da linguagem repercute na própria manifestação dos sentimentos que se traduzem de modo egocêntrico. O movimento e o esforço de realizar uma ação é sentido como insatisfatório em decorrência do distúrbio subjetivo, resultado do insuficiente trabalho mental.

Ressalta que o dinamismo conativo é elemento fundamental na psicopatologia epiléptica tanto pelo aspecto clínico como pelo psicológico.

Como nas crises convulsivas predominam os fenômenos motores, que dependem da esfera conativa, há íntima ligação com o ambiente social onde vive o epiléptico. Desta forma, descrevemos o que é epilepsia em suas diferentes formas de manifestação, assim como as manifestações psicopatológicas presentes em quadros de epilepsia. Finalizamos apresentando a personalidade epiléptica, em busca de uma melhor compreensão dos vários aspectos apresentados pelo caso clínico que estamos procurando compreender.

# 22 ASPECTOS NEUROLÓGICOS RELACIONADOS AOS PSICOFÁRMACOS UTILIZADOS: INFERÊNCIAS E PONDERAÇÕES

No capítulo anterior, procuramos descrever e compreender o que é epilepsia. No caso de Ana, trata-se de um problema geneticamente determinado e que começou a se manifestar com ausências, que ocorrem quando áreas cerebrais desligam por alguns instantes. As áreas dependem da sensibilidade pessoal de cada um. Todos os neurônios cerebrais funcionam através de descargas elétricas, sendo que cada área possui um ritmo diferente.

Quando fazemos um EEG, medimos a diferença de corrente elétrica entre um lado e o outro da cabeça, por exemplo, entre a região temporal e a região parietal, e também entre todas as regiões cerebrais separadamente. Medimos a partir de um ponto neutro. Quando um EEG apresenta uma onda específica em uma região cerebral, ele está medindo uma área que estiver sob estimulação. Quando há uma espícula é onde a descarga é maior, ou seja, anormal. Os paroxismos são espasmos agudos que ocorrem nas conexões sinápticas. Ou seja, o paroxismo significa que há uma simultaneidade de descargas em uma grande região, ao mesmo tempo (Alho Filho, 2007).

No momento que há uma alteração paroxística reiterada por espícula-onda, há uma hipersincronia destas descargas. Para que haja uma convulsão, todos os neurônios estão sendo descarregados ao mesmo tempo, a partir das áreas disrítmicas. Quando ocorre uma ausência, podemos compreender que um espaço maior se abre e parece que começa a despolarização e pára aí. Não há continuidade das emissões sinápticas.

É importante ressaltar que, desde pequena, A. tem essas descargas. Chegou a ter 100 crises em um dia, o que representa que ela permanecia, provavelmente, em um estado de mal epilético, e não saia da crise.

Diante de um quadro como esse, os médicos começaram a dar remédios para controlar convulsões. Tudo que era possível foi ministrado, demonstrando um caso difícil de controlar. Assim, as descargas neuronais foram sendo acompanhadas por comportamento anormal. Seu cérebro sensível se torna extremamente difícil de focar.

O epiléptico tem comportamento específico, apresenta uma personalidade própria. Quando as descargas neuronais entram no ritmo normal, ocorre uma piora do quadro comportamental. A medicação interfere, lentifica ainda mais o movimento e também o aprendizado. Nesse contexto, torna-se necessário controlar as crises, o comportamento e o humor.

O Neuropediatra que a acompanhou, trabalhou o tempo todo com o EEG, o que nos leva a inferir que, possivelmente, o tratamento de A. foi sendo feito a partir de seu diagnóstico como epiléptica.

Alho Filho (2007) cita Perez Velasco que, por volta de 1950, realizou pesquisa no Hospital Psiquiátrico do Juqueri em franco da Rocha, São Paulo em que descreveu como é o cérebro do epiléptico, encontrando uma assimetria dos hemisférios cerebrais. A partir desta informação, pode-se inferir que há diferença entre neurônios de um hemisfério para o outro. Refere que se observa também alterações vasculares cerebrais comprovadas: são como aneurismas cirsóides (imaginemos os vasos sanguíneos com pequenas ramificações). Ou seja, é um cérebro frágil em termos de irrigação. A partir destes dados, podemos inferir que A. herdou um padrão vascular que pode ter levado a ter um quadro de hipersensibilidade na região cerebral.

Quando tomou medicamentos que também são vasodilatadores, pode ter escapado de ter um Acidente Vascular

Cerebral (AVC). Este fato foi constatado em pesquisa realizada entre 1973 e 1977, que verificou maior incidência de Ateroesclerose Cerebral (AEC) em pacientes jovens epilépticos (Alho Filho et allii, 1978). A referida pesquisa aponta que "foi possível correlacionar com grande significância os diagnósticos psiquiátricos de epilepsia com alto peso cerebral e de oligofrenia com baixo peso cerebral" (p. 41).

No caso de A., desde pequena as crises aconteciam uma atrás da outra. Não conseguia fixar atenção em função das disritmias, pois vivenciava uma "dinâmica do apagamento". Andou tarde, sempre fez tudo com muita dificuldade. Todas as medicações que tomou representam uma "faca de dois gumes". Diminuíram as ausências, mas provocaram efeitos colaterais. Entretanto, todos os remédios foram usados na procurar de trazer o equilíbrio.

Em 1953, Landolt, citado por Marchetti et allii (2005), já apontava para a atenuação das alterações eletrencefálicas de base, denominadas como "normalização" forçada ou paradoxal. É interessante notar que, após as aplicações de eletroconvulsoterapia, há uma normalização das descargas neuronais do epiléptico. Ou seja, depois de uma crise convulsiva, o cérebro volta a trabalhar normalmente.

Torna-se relevante apontar que há um temperamento epiléptico, conforme descrito no capítulo anterior estudado por Coelho (1978), o temperamento dos excessos: pode ser agressivo demais ou alterado demais, não consegue ter grande modulação. Por vezes, se refugia no místico, pois têm que acreditar em algo. Aqui, a religiosidade também aparece e pode ser uma boa saída quando há excesso de irritabilidade ou de passividade. Daí A. acreditar em Papai Noel e em Coelho da Páscoa até por volta de seus 12 anos.

Vale notar que o problema de relacionamento não impediu que ela desenvolvesse quadro afetivo: é uma garota que gosta, ama, odeia. É amada! As pessoas que a cercam querem bem a ela, mesmo diante de suas idiosincrasias. Esta é a sua saída.

O que é importante é a qualidade do vínculo que A. tem com as pessoas que a acolhem e gostam dela. Ela consegue perceber isso e sente a possibilidade de estabelecer vínculo real.

De acordo com Houaiss (2002), a hiperplasia é o aumento benigno de um tecido devido à multiplicação das células que o compõem. Já linfoma, refere-se a cada uma das várias patologias benignas e malignas nas quais ocorre proliferação de tecido linfóide. A partir destas informações, podemos inferir que o uso de tantos medicamentos por tanto tempo podem ter levado seu organismo a reagir com a produção de anticorpos, daí ocorrer uma crase sanguínea, ou seja, uma hiperplasia de gânglios linfáticos (Alho Filho, 2007). A crase (Houaiss, 2002) sanguínea está diretamente relacionada à capacidade de coagulação do sangue.

É um quadro difícil de tratar. Houve uma tentativa constante em promover uma dinâmica familiar mais estruturada, de base, de modo a possibilitar a A. se desenvolver dentro de suas possibilidades. Entretanto, percebe-se o quanto é complexa a situação familiar diante da pergunta: o que é que A. tem? Será que ela pode ficar sem medicação para que se possa saber realmente como ela é de verdade? Ao mesmo tempo, procurou-se toda ajuda profissional recomendada, em diferentes etapas de seu desenvolvimento. Não é uma vida simples nem é fácil lidar com tal nível de labilidade!

Enfim, A. está em plena adolescência-adultez. Caso faça algo insensato em uma crise, se algum acidente ocorre, está ausente de culpa. Na fase em que perde a consciência, sabemos que não tem responsabilidade, inclusive legal, sobre o que faz.

Nosso desejo é que ela possa encontrar mais equilíbrio, agora que o linfoma está sob controle. Que novos projetos possam movê-la para a vida, em direção a uma maior estabilidade de humor e de consciência.

A seguir, apresentamos um quadro onde constam os EEGs e outros exames realizados por A., assim como os psicofármacos utilizados e a reação apresentada, no decorrer de seu desenvolvimento.

Estudo de Caso: A.

ESPECIALIDADES em MEDICINA:

Nasc: 10 de abril de 1984

NP = Neuropediatra

NR= Neurologista

PQ = Psiquiatra

OC = Oncologista

| DATA | IDADE | MEDICAÇÃO | SINTOMA APRESENTADO REAÇÃO APRESENTADA | ESPECIALIDADE MÉDICA | EXAME REALIZADO | RESULTADO DO EXAME |
|---|---|---|---|---|---|---|
| | | | Com menos de 1 ano, tinha ausências muitas vezes ao dia, por alguns segundos. | | | |
| 07/11/86 | 2a 6m | Depakene (Acido valpróico) Ethosuximide | Ausências repetidas, várias vezes ao dia que permaneciam por alguns segundos. Não houve melhora com a medicação. | NP | | EEG - Traçado encefalográfico mostrando alterações paroxísticas reiteradas por espícula-onda de projeção predominante nas áreas occipitais. Concomitante a pelo menos um dos surtos referidos a paciente apresentou crises de ausência. EEG com longos bursts de ¾ spike-waves foram detectados |
| 26/11/86 | 2a 7m | | Diagnóstico: EPILEPSIA INFANTIL COM AUSÊNCIAS | NP | | EEGs semelhantes aos anteriores, mostrando alterações paroxísticas muito freqüentes por espícula-onda de projeção bi-occipital. Olhos fechados |
| 08/12/86 | 2a 7m | | Não houve melhora dos quadros de ausência. | | | |
| 29/12/86 | 2a 8m | | Gardenal não fazia efeito: continuava com as ausências e os focos irritativos. Rivotril é melhor. Parecer do NP: A. apresenta um ligeiro atraso de desenvolvimento e um distúrbio de atenção que prejudicam sua capacidade para aprendizagem. | NP | | Tomografia Computadorizada do Crânio: Os cortes axiais realizados antes e após injeção endovenosa de contraste (15 ml de telebrix-38) mostram: sistema ventricular de topografia, morfologia e dimensões normais. Cisternas de morfologia, dimensões e atenuações normais. Atenuação radiológica normal do tecido nervoso supra e infratentorial. |

| | | | |
|---|---|---|---|
| 05/01/87 | 2a 8m | NP | EEG confirma exame anterior: surtos de espícula-onda de projeção bilateral e difusa (*olhos abertos*). A paciente apresentou episódio de ausência e movimento de lábios, pelo menos em duas ocasiões com desvio dos olhos para a direita. |
| 28/01/87 | 2a 8m | NP | EEG algo lento para a idade, melhorado, pois não evidenciou alterações paroxísticas. |
| 25/03/87 | 2a 8m | | |
| 02/09/87 | 3a 4m | NP | EEGs semelhantes aos anteriores: lento para a idade da paciente, não evidenciaram alterações paroxísticas. |
| 10/02/88 | 3a10m | | |
| 31/08/88 | 4ª 4m | | |

| | | | | | |
|---|---|---|---|---|---|
| 12/01/89 | 4a 9m | Parou Depakene 9 gotas de Rivotril | Hepatite viral (tipo A) Apresentou **Hepatite medicamentosa** Alterou a medicação para Rivotril. | NP | EEG mostrando, apenas durante o sono, alterações extremamente raras e frustas sugestivas de atividade irritativa no **hemisfério direito** de projeção predominante na **região temporal média e posterior.** |
| 27/01/89 | 4a 9m | 9 gotas de Rivotril | NP | | EEG mostrando com a hiperpnéia, **alteração paroxística única e bem definida por espícula-onda** 4/seg. **de projeção bilateral** que **não** apareceu no exame anterior. |
| 27/02/89 | 4a 10 m | 8 gotas de Rivotril | EEG bom. Medicação foi sendo diminuída: 11/3   7g     15/3   6g 01/4   5g     16/4   4g | NP | EEG melhorado comparativament e ao anterior, sem anormalidades. |
| 28/04/89 | 5ª | 4 gotas de Rivotril | EEG alterado: aumentar para 6 gotas | NP | EEG **passou a mostrar alterações paroxísticas** relativamente freqüentes por espícula-onda de **projeção bilateral.** |
| 24/05/89 | 5a 1m | 6 gotas de Rivotril | EEG melhor que o anterior | NP | EEG lento e pobremente organizado mostrando alterações paroxísticas por espícula-onda de projeção **bilateral,** **mais raras** do que o exame anterior. |
| 31/07/89 | 5a 3m | 6 gotas de Rivotril | NP | | EEG confirma o exame anterior, lento e pobremente organizado, mostrando alterações paroxísticas por espícula-onda de projeção **bilateral.** |
| 12/12/89 | 5a 8m | | NP | | EEG confirma exame anterior, mostrand o alterações paroxísticas atualmente raras de projeção bilateral. Mostrou também, durante o sono, sinais de **foco irritativo na região temporal direita.** |

| | | | | | |
|---|---|---|---|---|---|
| 11/12/90 | 6a<br>6m | 6<br>gotas<br>de<br>Rivotril | Durante a diminuição do clonazepam, ocorreram mais de 100 ausências por dia.<br>Houve uma lenta diminuição do clonazepam (de 0,6mg/dia a zero) em + de 6 meses. | NP | EEG pobremente organizado, **não mostrou alterações paroxísticas** presentes no exame anterior. |
| 02/07/91 | 7a<br>2m | 3<br>gotas<br>de<br>Rivotril | 13/1  5g    03/3  4g<br>05/5  3g<br>Medicação foi sendo diminuída após o EEG.<br>04/07  2 g    01/08  1 g<br>31/08  0 gotas | NP | EEG pobremente organizado, mostrando sinais de **foco irritativo de projeção no hemisfério cerebral direito** e mais acentuado na **região temporal média e posterior.**<br>E sinais de **foco independente na região temporal média e posterior** do **hemisfério esquerdo**, alterações essas que não aparecem no exame anterior. |
| 04/09/91 | 7a<br>4m | 5<br>gotas<br>de<br>Rivotril | Ausência<br>09/09:    NP<br>4 g de<br>Rivotril | | EEG bastante alterado, mostrando anormalidade paroxística muito freqüente por espícula-onda de **projeção bilateral**, que não estava presente no exame anterior.<br>Continua mostrando sinais raros de atividade irritativa fristra na **região temporal média e posterior do hemisfério direito.**<br>Concomitantemente aos surtos de espícula-onda referidos, a paciente apresentou **episódios de ausência com discreto automatismo.** |
| 13/09/91 | 7ª<br>5m | 4<br>gotas<br>de<br>Rivotril | 16/10/91: 0,4 mg de clonazepam por dia.<br>Controle total das crises e normalização do EEG. | NP | EEG pobremente organizado, **muito melhorado** comparativamente ao anterior.<br>**Não evidenciou alterações de tipo irritativo.** |
| 26/02/92 | 7a<br>10<br>m | Urbanil | Ausência em 4/02.<br>4/02 : ½ compr. de Urbanil<br>26/02 : 1 compr. de Urbanil<br>Melhora o tônus e o movimento. Fica muito tempo no organismo | NP | EEG **mais alterado** do que o anterior, mostrando **anormalidade paroxística** freqüente por espícula-onda de **projeção bilateral** além de sinais raros de **foco irritativo** de projeção na **região temporal média e posterior do hemisfério direito.** |
| 11/03/92 | 7a<br>11<br>m | 1<br>compr.<br>de<br>Urbanil | NP | | EEG **muito melhorado** comparativamente ao anterior, mostrando ainda **alterações paroxísticas muito raras** de projeção bilateral e **mais acentuada nas áreas occipitais.** |

| | | | | |
|---|---|---|---|---|
| 29/07/92 | 8a 3m | 1 compr. de Urbanil | NP | **EEG mais alterado do que o anterior**, mostrando **sinais freqüentes de foco irritativo de projeção na região temporal média e posterior direita** além de alterações paroxísticas por espícula-onda de **projeção bilateral**. |
| 13/08/92 | 8a 4m | 4/08: 5ml Zarontin e 1 Urbanil<br><br>5/08:1 compr. de Urbanil e 10 ml de Zarontin | O Zarontin (medicamento que não existia no Brasil na época, vinha da Argentina ou França), foi ótimo.<br><br>A. tomou por anos e anos. | NP | **EEG melhorado** comparativamente ao anterior, mostrando ainda alterações paroxísticas **bilaterais** por espícula-onda.<br><br>Apenas durante sonolência e sono, sinais de **foco irritativo de projeção na região temporal média e posterior do hemisfério direito**. |
| 28/08/92 | 8a 4m | Desde 14/08 15 ml de Zarontin ½ compr. de Urbanil | Gradativament e os focos irritativos foram diminuindo.<br><br>É específico para cura de epilepsia. | NP | EEG algo melhorado, **não evidenciou sinais de foco irritativo** na região temporal direita.<br><br>Continua mostrando alterações paroxísticas atualmente freqüentes por espícula-onda de **projeção bilateral**. |
| 23/09/92 | 8a 5m | 15 ml de Zarontin<br>8 gotas de Rivotril | NP | EEG ainda **instável**, muito melhorado comparativamente ao anterior, sem anormalidades para a idade da paciente. | |
| 23/10/92 | 8a 6m | 8 gotas de Rivotril por dia<br>3 compr. de Zarontin por dia (0,25 g cada)<br>(começou com 1 compr. em 14/09/92) | NP | EEG confirma exame anterior, **sem anormalidades** para a idade da paciente. | |
| 01/02/93 | 8a 9m | 8 gotas de Rivotril (4 manhã, 4 noite)<br>3 compr. de Zarontin (0,25g), 1 manhã, 1 almoço e 1 tarde | NP | EEG bastante instável, **lábil à hiperpnéia**, sem anormalidades para a idade da paciente, confirma exame anterior. | |
| 02/08/93 | 9a 3m | 8 gotas de Rivotril | NP | EEG **instável** mostrando apenas resposta acentuada à foto-estimulação intermitente, confirma exame anterior, sem anormalidades definidas para a idade. | |
| 27/04/94 | 10a | 3 compr. de Zarontin | NP | EEG pobremente modulado, **mais alterado do que o anterior**, mostrando, principalmente com a foto-estimulação intermitente, alterações paroxísticas raras de projeção bilateral. | |

| | | | | | |
|---|---|---|---|---|---|
| 19/07/94 | 10a 3m | 6 gotas de Rivotril (2 vezes por dia) 3 compr. de Zarontin | NP | EEG pobremente modulado, **melhorado** comparativamente ao anterior, mostrando apenas resposta acentuada à fotoestimulação intermitente, sem anormalidades definidas. | |
| 21/03/95 21/02/96 14/05/97 | 10a 11m 11a 10m 13a 1m | | NP | EEG confirmam exames anteriores, sem anormalidades para a idade da paciente. | |
| 1998 | | Em 98, diminuição das drogas; apresentou foco irritativo e retomou a medicação. | NR PQ | NR: **quadro estável, com as crises de ausência controladas.** Nível alto de ansiedade de A. em relação à escola. | |
| 1999 | Zarontin e Rivotril | Internada com um quadro agudo de desnutrição, onde permanece por quase 20 dias. Parou com Zarontin quando entrou na crise. | PQ | Aponta fatos normais de busca de identidade de uma adolescente que nega seu problema e experiencia o conflito de percebêlo, sem ter estrutura psíquica para tal. Encaminha para um PQ. | |
| 07/06/99 | 15a 1m | 3 gotas de Rivotril à noite Trileptal Litium | PQ incentivou A. a comer o tempo todo. Passou a ser tratada com neurolépticos e engordou 25 kg. Ceroquel também não deu certo. A. descontrolou completamente. Não teve resultado. | PQ | A PQ especialista em transtornos alimentares liderou um estudo diagnóstico de A. Chegou-se à conclusão de que ela tinha um quadro de **NEGATIVISMO PSICÓTICO** em que ela precisava existir pelo negativo. |
| 16/01/01 | 16a 9m | Haldol | Não deu o efeito sedativo, causou o efeito rebote: A. ficava a 10.000 por hora. | PQ | Cintilografia Cerebral, realizada após administração intravenosa de ECD-99mTc não evidencia a presença de concentração anômala do radiofármaco. Resultado: Cintilografia normal. |
| 30/04/01 | 17a | Neosine Piportil Ingetável | A. estava impregnada: internou em uma Clínica Psiquiátrica para desimpregnar, de modo a zerar a medicação. | PQ | EEG mostrando sinais de **atividade irritativa frusta de projeção generalizada.** |
| 06/07/01 | 17a 2m | (durava 15 dias) | Nova medicação a deixou "nerd". Fez 10 sessões de Eletroconvulsoterapia . | PQ | EEG sem anormalidades. |

| | | | | | |
|---|---|---|---|---|---|
| 10/10/01 | 17a 6m | Frontal Neoleptil Rivotril | Vários medicamentos foram sendo utilizados pelos diferentes PQ que atenderam A. | | |
| 12/11/01 | 17a 7m | Ziprexa Geodon | Geodon provocou um aumento da prolactina. | PQ | EEG evidenciando **descargas epileptiformes de complexo ponta-onda em projeção generalizada**. |
| 07/03/03 10/02/04 29/03/04 03/05/04 24/05/04 | 18a 10m 19a 10m 19a 11m 20a 20a 1m | Frontal Neoleptil Trileptal Rivotril | O medicamento que dá melhor resultado é o Neoleptil, que A. chegou a tomar 10mg Continua a tomar o alticonvulsivante para regular o humor. | PQ | Vários EEG sem anormalidades. |
| 24/08/06 | 22a 4m | Neoleptil Rivotril Depakote (mudou o Trileptal) Acrescentou o neuroléptico Seroquel 25mg Topamax | Nova avaliação PQ: **QUADRO GRAVÍSSIMO IRREVERSÍVEL DE RETARDO MENTAL** Se aumentar a dose de 25 mg ela fica agressiva e foge a atenção. Mandou continuar com 1 compr. Rivotril e dobrar 2mg Neoleptil. A. se contorce de dor... fica na cama "ligada" o dia inteiro. Tira o Topamax e volta para 10mg de Neoleptil + 2 mg de Rivotril. | | PQ |
| | | Depakote Seroquel Anafranil | Mudou toda medicação de A. Tirou o Neoleptil e deu Anafranil. A. se contorcia de dor. Chegava a ter a fisionomia transfigurada. | PQ | **Prandes Willis X-Frágil Erros inatos do metabolismo** Resultado: tudo OK |
| Set. 2006 | 22a 5m | | Diagnóstico: **EPILEPSIA + ENCEFALOPATIA CONGÊNITA** | | NR |
| 08/11/06 | 22a 7m | Efexor Anafranil Pamelor | Tomou todos os calmantes de última geração, mas não teve resultado. | PQ | EEG sem anormalidades. |

| Data | Dose | Medicação | Evolução clínica | | Exames |
|---|---|---|---|---|---|
| 28/11/06 | 22a 7m | Neoleptil Rivotril | Os medicamentos que toma até hoje são esses, são os que fazem bem a ela. | PQ oc | Tomografia computadorizada do tórax: Massa mediastinal anterior esquerda, com características de linfonodomegalias. |
| 30/11/06 | 22a 7m | Depakote 750mg manhã + 750mg noite Topamax 25mg (Tirou, mas continua irritada) | Diagnóstico: LINFOMA DE HODGKIN Fica muito chateada, dizendo que "tudo acontece comigo". | | Relatório de patologia cirúrgica: Biópsia por agulha de tumor mediastinal anterior; Linfoma de Hodgkin clássico (who/real), neoplasma mostrando fibrose irregular com formação de traves e arranjo nodular focal, consistente com subtipo esclerose nodular. O espécimen foi processado para estudo imunohistoquímico para pesquisa de marcadores celulares. |
| 30/11/06 | 22a 7m | | Faz o tratamento quimioterápico (10 aplicações) com muita dificuldade. | oc | Aspiração biópsia por agulha fina: tumor mediastinal anterior; consistente com Linfoma de Hodgkin. |
| 04/12/06 | 22a 7m | MEDICA-ÇÃO ATUAL | Durante a quimioterapia tem ataques e, mesmo com tudo marcado, recusa-se a fazer o tratamento e chega a pegar um táxi para voltar para casa... | | Relatório de Imunohisto-química: Linfoma de Hodgkin clássico, biópsia por agulha de tumor mediastinal anterior; neoplasma mostrando imunopositividade para CD30 e CD15. Demais marcadores pesquisados negativos. |
| 23/03/07 | 22a 10m | | Após a quimio, são feitos novos exames e A. começa com a radioterapia. Aceita o tratamento por ser rápido. | | Tomografia computadorizada do tórax, abdome e pelve. |
| 29/05/07 | 23a 1m | | O anticonvulsivante é dado para controlar o humor. | NR | Ressonância magnética do crânio: encéfalo dentro dos padrões da normalidade para a faixa etária |
| Agosto 2007 | 23a 4m | | Os novos exames estão zerados!!!! Será feito acompanhamento: sangue a cada 3 meses + imagem a cada 6 meses. | | |

# 23 INCLUSÃO OU INTEGRAÇÃO SOCIAL?

Conforme Amaral (1995), se nos reportarmos à questão da deficiência, segundo a visão religiosa, veremos que no universo grego-romano as pessoas reconhecidas como desviantes, diferentes e deficientes eram mortas ou abandonadas a própria "sorte". Uma prática chamada de "exposição". No universo judaico-cristão, a deficiência mental ou física era apresentada como castigo divino à desobediência, sendo, então, parte da própria maldição. Na Idade Média, instalou-se a superstição que os deficientes eram considerados possuídos pelo demônio. Pois, se entendia que, quando faltava a razão e a perfeição, ali estava o "mal". Em conseqüência eram freqüentes os rituais de flagelação.

Já no âmbito da ciência, no século XVI, começa-se a afirmar a legitimidade de tratamento para as pessoas com deficiência. No século XVIII, reforça-se e consagra-se a idéia do fatalismo hereditário da doença mental. Mas, é também nesse século que o terreno torna-se propício a visão científica em questão, aparecendo assim, as tentativas educacionais.

No século XIX, são vários os profissionais que se dedicam às questões da deficiência, surgindo múltiplas abordagens e atuações, algumas de caráter educacional, outras de caráter médico. Este período pode ser considerado como o da superação da visão da deficiência e o início do seu entendimento como estado ou condição (Amaral, 1995). A autora ressalta que "pode-se dizer que 'oficialmente', da marginalização passou-se para o assistencialismo e deste para a educação, reabilitação e integração social. 'Extra-oficialmente', isso não ocorre e nem ocorreu, de forma linear. O fato é que continuamos a ver diferentes posturas 'convivendo' entre si e direcionando práticas e políticas públicas" (1995, p. 53).

Ainda segundo a autora, aparecem as distinções entre normal, anormal e patologia, que acabam por se sofisticar cada vez mais. A própria etiologia da palavra "norma" significa esquadro, ou seja, que não se inclina nem para direita e nem para a esquerda. Ou seja, o normal é colocado como aquilo que é como deve ser, como aquilo que se encontra na maior parte dos casos de uma determinada espécie.

Assim pensando, podemos dizer que se a doença é uma anormalidade frente a uma normalidade social, podemos concluir que é sempre dependente de um contexto que possui sua avaliação ética e moral de comportamentos.

Como diz Amaral (1995), a doença é decodificada como anormalidade, desvio e inferioridade; sempre remetendo-se à média da população. Ou seja, raramente ela é pensada como diversidade.

Dentro deste contexto, re-significar a diferença e ou deficiência constitui-se um desafio, num movimento no sentido de des-adjetivar os substantivos de diferenças, que têm sentido pejorativos quando aliado à questão da deficiência.

A ausência da adjetivação valoriza a diferença que passa a ser nem boa ou ruim, nem benéfica ou maléfica. Mas, pode levar a relações despidas de hierarquia entre aqueles que são diferentes. É necessário uma "aceitação ativa" que quer dizer, acolher a deficiência, integrá-la ao cotidiano, no inesperado, na vida, enfim. Isto implica numa longa e penosa construção conjunta, entre a pessoa com deficiência e as demais pessoas de seu convívio, estabelecendo, "relações que impliquem em encontro de identidades" (Amaral, 1995).

Mas como aceitar o diferente, se temos medo da diferença? Freqüentemente sentimo-nos ameaçados diante do contato com o diferente, o que nos leva a evitar, criar preconceitos e estigmas (Mader, 1997). O homem percebe sua fragilidade perante a vida, sua finitude e teme se confrontar com o diferente, como se, ser diferente, não fosse uma probabilidade a lhe acontecer também.

Portanto, como convencer a mentalidade da sociedade globalizante atual de que realmente é possível explorar a riqueza da diversidade humana? (Moussatche, 1997).

A reflexão sobre o processo de integração contribui para uma prática menos segregacionista e preconceituosa. Nesse sentido, deficientes e não deficientes devem interagir na construção de um entendimento comum. Afinal, a unidade e a pluralidade podem aprisionar a existência humana em qualquer pólo da exclusão. Torna-se necessário reconhecer a unidade na pluralidade e vice-versa (Marques, 1997).

Deste modo, integrar é tornar real a possibilidade de acesso, não só ao espaço físico, mas às outras esferas da vida em sociedade como a cultural, social e política.

O deficiente não pode ser somente aquele que é moldado para se encaixar nos padrões estabelecidos pelas normas vigentes. Ele deve ser atuante, considerado como sujeito contextualizado histórico e culturalmente, atuando e opinando sobre as questões e situações que afetam o seu meio. Caso contrário, ele sempre estará à mercê das decisões de outros, que inclusive, ditam o que eles podem ou não fazer.

Segundo Marques (1997) o problema está na concepção de homem e de mundo que delineiam as ações e orientam as formas de se pensar a própria integração. Neste sentido é que, segundo Mader (1995), há um novo paradigma nascendo que considera a diferença como algo inerente na relação entre os seres humanos em que a sociedade busca se orientar para que cada membro, com sua singularidade, possa participar do coletivo.

Assim surge o conceito de inclusão que ocorre em uma sociedade que considera todos os seus membros como cidadãos legítimos, onde existe justiça social, e cada membro tem seus direitos garantidos. As diferenças entre as pessoas são aceitas como algo normal (Mader, 1995).

Este processo não e fácil de ser invertido. Mesmo que desejemos a integração das minorias rejeitadas como os portadores de deficiência, aidéticos, prostitutas, índios negros etc. Nossos próprios valores adquiridos durante nossa vida toda, por vezes, nos fazem desacreditar na viabilidade da integração.

Incluir pessoas com necessidades especiais em uma rotina escolar parece ser simples, mas é muito mais complexo do que imaginamos. Este é um processo muito delicado e, para obter sucesso, precisa ser cuidado pelas duas partes: a que vai receber e a que vai entrar.

Não é fácil para um grupo, que não tem o costume de conviver com pessoas com necessidades especiais, de uma hora para outra estar junto, diariamente, por um período extenso que são quatro horas. Este grupo precisa ser preparado antecipadamente: conhecer por fotos, saber da história, das necessidades, de como lidar, como tratar estas pessoas, saber sobre suas possíveis reações e suas possibilidades. Conhecer a importância deste acolhimento.

Os professores precisam de um apoio especializado, ter sugestões de trabalho, possibilidades de como orientar a aprendizagem, ser escutado sobre suas angústias e medos de receber essas pessoas diferentes do que está acostumado. Todas as pessoas que convivem dentro da escola precisam de orientação prévia. O grupo de pessoas com necessidades especiais que vai começar a freqüentar a escola também precisa ser trabalhado previamente, pois não estão acostumados a seguir regras, respeitar horários, limites. Não estão habituados a estar em determinados espaços por "x tempo", "por x pessoas".

Este processo deve se iniciar lentamente, com tempos mais curtos: conhecimento geral do espaço, forma e horário do funcionamento, regras generalizadas etc. Esta fusão deve ser assistida, acompanhada e orientada por pessoas habilitadas (Masini, 1997). Há necessidade de profissionais técnicos que acompanhem os educadores que recebem orientação específica.

A escola é a porta de entrada para que qualquer pessoa possa ser inserida no meio social. Nesse sentido, a escola representa um local importante onde a criança inicia seu contato com o mundo e com a aprendizagem em si. É na escola que ela desenvolve e amplia suas relações. Se todas as pessoas precisam passar pela escola para serem inseridos no meio social, o caminho para pessoas com necessidades especiais é o mesmo. Entretanto, é relevante reconhecer a necessidade de uma certa adequação de ambas as partes. A Educação Inclusiva é o processo de adequação do sistema educacional às necessidades dos alunos. O processo de ensino-aprendizagem busca possibilidades para que o aluno com necessidades especiais aprenda tanto quanto os outros. Na escola inclusiva, o espaço é adequado para que isso ocorra. Assim, há a garantia de acesso e permanência de todos alunos, independente de cor, raça, religião, etc, no ensino regular, conforme declara a Constituição Federal.

Neste modelo de educação, podemos ter todos os tipos de educandos em sala de aula, levando em consideração seus limites e suas potencialidades no processo ensino-aprendizagem. Desta forma, participam ativamente das atividades escolares respeitando a diversidade presente em cada um.

A inclusão fornece um contexto privilegiado para a construção de nos conhecimentos e estratégias. A integração proporciona a todos os participantes a oportunidade de resolver graves problemas e contribui para a construção de novos conhecimentos e estratégias. As trocas entre alunos são, habitualmente, originárias de conflitos cognitivos, pois cada um tem seus próprios esquemas, experiências, valores e crenças na resolução de problemas (Corsaro e Eder, 1990 apud Saint Laurent, 1996).

Nesta perspectiva, a possibilidade de conflitos sócio-cognitivos significativos aumenta na medida em que o contexto social é diversificado (Mallory e New, 1994 apud Saint Laurent, 1996). Estes conflitos têm um valor motivacional importante, tanto para os alunos com necessidades especiais como para os alunos ditos normais. Enfim, as pesquisas têm demonstrado que a classe inclusiva favorece também os alunos comuns.

A deficiência é diferente de menos valia, não é unicamente pobreza psíquica, mas também fonte de riqueza; não é apenas debilidade, mas também fonte de energia. Assim, não encontramos no deficiente um sentido social, uma vontade para a vida social diminuídos, senão aumentados. Sua capacidade psicológica para a linguagem é inversamente proporcional à sua capacidade física de falar. (Vigotsky, 1997). Enfim, a criança deficiente não está constituída apenas de carências, mas seu organismo se estrutura como um todo único. Sua personalidade vai sendo equilibrada de maneira global, compensada pelo processo de desenvolvimento (Vigotsky, 1997).

No processo de interação com o meio, se cria uma situação que impulsiona a criança. É a compensação. O destino dos processos compensatórios e dos processos de desenvolvimento no seu conjunto depende da realidade social vivida e das dificuldades que a criança enfrenta pela sua condição (Vigotsky, 1997).

Portanto, para que a educação inclusiva possa ocorrer dentro de suas melhores condições, torna-se importante o preparo e a capacitação dos recursos humanos, espaços físicos e didáticos para receber os indivíduos que apresentam necessidades especiais.

A educação inclusiva é a porta de entrada para qualquer indivíduo, inclusive o que apresenta algum tipo de diferença, possa exercer sua cidadania, favorecendo, assim, a inclusão social.

A inclusão social acontece na participação, na ação social da escola e da comunidade. Cria condições para que o sujeito participe do processo social, respeitando sua singularidade. Todo cidadão tem o direito de ser incluído sob todas as formas, tendo acesso à educação, ao trabalho ao lazer e à vida.

Nesse sentido, inclusão não é integração. Incluir uma pessoa significa dar a ela o direito de ser diferente e ter suas necessidades reconhecidas e atendidas. É oferecer ao aluno com necessidades especiais recursos profissionais e institucionais adequados para que ele desenvolva seu potencial como estudante, pessoa e cidadão (Schwartzman, 1997).

Mas, no processo de integração, o aluno é quem precisa se adequar ao sistema educacional. Nesse contexto, muitas vezes, ele tem alguns privilégios e menos responsabilidade que os outros. Tem "direitos a mais" como chegar atrasado ou não respeitar as regras e combinados com o grupo, que acaba sendo condescendente e aceitando tais procedimentos. Mas, isso ocorre de forma não verdadeira, pois o aluno não é considerado um cidadão, com direitos e deveres. Isso traz implicações importantes na constituição psíquica saudável das relações de todos participantes do grupo (Mantoan, 1997).

Esse processo de integração em que a pessoa com necessidades especiais é recebida em sala de aula, com aparentes regalias e sem planejamento, gera muito incômodo por parte de todos: professores, funcionários, alunos, pais e até a própria comunidade (Perrenoud, 1999).

Quando a criança com essas necessidades participa de uma classe especial, ela está "inserida", mas não inclusa. Na escola, muitas vezes ela não é considerada um ser atuante, ativo, participativo etc. Essa escola não tem o suporte necessário para atender às suas particularidades. A classe especial acaba sendo um local 'depositário' de todos aqueles que diferem da chamada normalidade (Machado, 1994).

Afinal, ser diferente é normal e trabalhar com a educação inclusiva é possibilitar a toda comunidade docente e social compreender a dignidade de se respeitar cada um dentro de suas possibilidades e dificuldades.

Nenhuma função psicológica se realiza habitualmente de um mesmo modo. Onde temos uma dificuldade, uma limitação ou apenas uma tarefa que supere as possibilidades naturais de uma função, esta não se anula simplesmente; ela emerge, é posta em ação. Assim, em todo o desenvolvimento da criança deficiente, os recursos auxiliares desempenham um papel decisivo, mediante os quais a criança aprende a estimular-se a si mesma (Vigotsky, 1997).

O autor refere que, para a criança mentalmente atrasada, deve-se criar algo similar ao alfabeto Braille para o cego ou a datilografia para o mudo, buscando o desenvolvimento de suas funções superiores de atenção e pensamento. Ou seja, um sistema alternativo de caminhos para o desenvolvimento cultural, onde se encontram bloqueados os caminhos diretos por conseqüência da deficiência.

Para finalizar, trazemos Werneck (2000), que diferencia integração e a inclusão como dois sistemas organizacionais de ensino que têm origem no princípio de normalização. Aponta que normalizar uma pessoa não significa torná-la normal e sim, dar-lhe o direito de ser diferente e ter suas necessidades reconhecidas e atendidas pela sociedade.

Na área da educação, normalizar é oferecer ao aluno com necessidades especiais recursos profissionais e institucionais adequados para que ele desenvolva seu potencial como estudante, pessoa e cidadão.

Apresenta o sistema caleidoscópio onde não existe uma diversificação de atendimento. A criança entra na escola, na turma comum do ensino regular, e lá permanece. Cabe à escola encontrar respostas educativas para as necessidades específicas de cada aluno, quaisquer que sejam elas. Nesse sentido, a inclusão não admite diversificação pela segregação e sim busca soluções sem segregar os alunos em atendimentos especializados ou modalidades especiais de ensino. Tende para uma especialização do ensino para todos.

Por isso, a metáfora da inclusão é o caleidoscópio, pequeno instrumento que só funciona quando tem todos os pedaços e, com eles, forma figuras complexas que nunca se repetem (Werneck, 2000).

Nesse sentido, torna-se fundamental criar **Projetos de Educação Inclusiva** que visem ao desenvolvimento das necessidades específicas dessas crianças e jovens. Criar condições e planejar horários para que possam circular em diferentes atendimentos especializados, sempre respeitando o horário regular das aulas. Enfim, programas que permitam seu desenvolvimento global.

# 24 | REFERÊNCIAS

Alho Filho, J. L.; Coura, S. H.; Leite, J. G.; Vaz, A. F. e Fava, L. *Estudo clínico psiquiátrico e anátomo-patológico da deteriorização mental. Momento Médico.* Edição Portuguesa de Medical Times. Ano XIX, suplemento ao N.º 248, pp. 35-42, setembro 1978.

Alho Filho, J. L. *O Delírio. Transtorno da Intuição.* Série Psiquiatria. Robe, SP, 1997.

Alho Filho, J. L. *Epilepsia e Transtornos Mentais. Comunicação Pessoal,* Unipaulistana. SP, 2007.

Ajuriaguerra, J. e Marcelli, D. *Manual de Psicopatologia Infantil.* 2ª edição. Artes Médicas, Porto Alegre e Masson, SP, 1991.

Allessandrini, C. D. *Oficina Criativa e Psicopedagogia.* São Paulo: Casa do Psicólogo, 1996.

Allessandrini, C. D. A Alquimia Criativa. In: Allessandrini, C.D.; Brandão, C.R, & Lima, E.P. *Criatividade e Novas Metodologias.* Série Temas Transversais, Volume 4. São Paulo: Editora Fundação Peirópolis, 1998.

Allessandrini, C. D. (org) et allii. *Tramas Criadoras na construção do 'ser si mesmo'.* Casa do Psicólogo, SP, 1999a.

Allessandrini, C. D. Roberta: uma grande garota. In: Rubinstein, E. (org.) *Psicopedagogia. Uma prática, diferentes estilos.* Casa do Psicólogo, SP, 1999b.

Allessandrini, C. D. A Alquimia da Arte no Desenvolvimento de Competências. In: Masini, E. F. S. e Shirahige, E. E. *Condições para Aprender*. São Paulo, Vetor Editora, 2003a.

Allessandrini, C. D. Criatividade e Educação. In: Vasconcelos, M. S. Criatividade. *Psicologia, Educação e Conhecimento do Novo*. Ed. Moderna, SP, 2003b.

Allessandrini, C. D. *Análise Microgenética da Oficina Criativa: Projeto de Modelagem em Argila*. Casa do Psicólogo, SP, 2004a.

Allessandrini, C. D. Prefácio. In: Chiesa, R. F. *O Diálogo com o Barro: O Encontro com o Criativo*. Coleção Arteterapia. Casa do Psicólogo, SP, 2004b.

Allessandrini, C. D. Creative Workshop and the Microgenetic Analysis of a Clay Projetct. In: ECArTE. *Different Approaches to a Unique Discipline Opening Regional Portals*. London: Transaction Publishers, v. 3, p. 492-510, 2005.

Amaral, L. A. *Conhecendo a Deficiência: em companhia de Hércules*. Série Encontros com a Psicologia. Robe, SP, 1995.

Amiralian, M. L. T. M. Compreendendo a Deficiência pela óptica das propostas Winnicottianas. In: *Estilos da clínica - Revista sobre a Infância com Problemas*. Ano II, número 2, pp. 96 – 102, 2 semestre de 1997. USP.

Amiralian, M. L. T. M. Conceituando Deficiência. In: *Revista Saúde Pública*. São Paulo: Faculdade de Saúde Pública da USP. 2000; 34 (1):97-3.

Arieti, S. (1976). *La creatividad. La síntesis mágica*. Consejo Nacional de Ciencia y Tecnología. Fondo de cultura económica. México, 1993. Original americano.

Ballone, G. J. *Epilepsia, Agressividade e Personalidade*. PsiqWeb, Internet, disponível em www.psiqweb.med.br, revisto em 2005.

Bleuler, E. *Psiquiatria*. Guanabara Koogan, RJ, 1985.

Brandão, J. S. *Mitologia Grega*. Volume III. Vozes, Petrópolis, 1997.

Carvalho, M. M. C. et alii. *A Arte Cura? Recursos artísticos em psicoterapia*. Editorial Psy II, SP, 1995.

CID-10. *Classificação de transtornos mentais e de comportamento da CID-10. Descrições clínicas e diretrizes diagnósticas*. Artes Médicas, Porto Alegre, 1993.

Chevalier, J. e Gheerbrant, A. *Dicionário de Símbolos. Mitos, sonhos, costumes, gestos, formas, figuras, cores, números*. José Olympio Editora, RJ, 1997.

Coelho, L. M. *Epilepsia e Personalidade*. Ática, SP, 1978.

Delval, J. *Aprender na vida e aprender na escola*. ARTMED, Porto Alegre, 2001.

DSM-IV-TR. *Manual Diagnóstico e estatístico de transtornos mentais*. 4ª edição. Artes Médicas, Porto Alegre, 1996.

Dreifuss, F. E. O que é epilepsia? In: Reisner, H. (org.) *Crianças com epilepsia. Um guia para pais*. Série Educação Especial. Papirus, SP, 1996.

Gardner, H. *Mentes que Criam*. Artes Médicas, Porto Alegre, 1996.

Gardner, H. *As artes e o desenvolvimento humano*. Artes Médicas, Porto Alegre, 1997.

Houaiss, A. *Dicionário eletrônico da língua portuguesa*. Editora Objetiva, 2002.

Inhelder, B. *El Diagnostico Del Razonamiento en los Debiles Mentales*. Prefacios a la primera y segunda ediciones francesas, de Jean Piaget. Traducción en lengua castellana by Editorial Nova Terra. Espana: Nova Terra, 1971.

Kaplan, II. J. e Sadok, B. J. *Compêndio de Psiquiatria*. Artes Médicas, Porto Alegre, 1990.

Macedo, L. de. *Ensaios Construtivistas*. Casa do Psicólogo, 1994.

Macedo, L. *Ensaios Pedagógicos: como construir uma escola para todos*. ARTMED, Porto Alegre, 2004.

Machado, A. M. *Crianças de classe especial: efeitos do encontro da saúde com a educação*. Casa do Psicólogo, SP, 1994.

Mader, G. Integração da pessoa portadora de deficiência: a vivencia. In: Mantoan, M. T. E. et alii. *A integração de pessoas com deficiência. Contribuições para uma reflexão sobre o tema*. Memnon, SP, 1997.

Mantoan, M. T. E. et alii. *A integração de pessoas com deficiência. Contribuições para uma reflexão sobre o tema*. Memnon, SP, 1997.

Marques, C. A. Integração: uma via de mão dupla na cultura e na sociedade. In: Mantoan, M. T. E. et alii. *A integração de pessoas com deficiência. Contribuições para uma reflexão sobre o tema*. Memnon, SP, 1997.

Masini, E. A. F. S. et alli. *Deficiência: Alternativas de Intervenção*. Casa do Psicólogo, SP, 1997.

Marchetti, R. L.; Castro, A. P. W. de; Kurcgant, D.; Cremonese, E. e Galucci Neto, J. *Transtornos mentais associados à epilepsia. Revista Psiquiatria Clínica*. 32 (3); 170-182, 2005.

Miranda Sá Jr., L. S. e Ferrari, A.M. Transtornos mentais orgânicos. In: Taborda, J.G.V., Chalub, M., Abdalla-Filho, E. *Psiquiatria forense*. ARTMED, Porto Alegre, 2004.

Moussatché, A. H. Diversidade e processo de integração. In: Mantoan, M. T. E. et alii. *A integração de pessoas com deficiência. Contribuições para uma reflexão sobre o tema*. Memnon, SP, 1997.

Perrenoud, Ph. *Pedagogia Diferenciada: das Intenções à Ação*. Artes Médicas, Porto Alegre, 1999.

Piaget, J. A *Formação do Símbolo na Criança. Imitação, Jogo e sonho, imagem e representação*. Zahar Editores, RJ, 1971.

Piaget, J.; Inhelder, B. (1966). *A imagem mental na criança*. Trad. Antonio Couto Soares. Porto, Civilização Ed., 1977.

Schneider, K. *Las Personalidades Psicopaticas*. Ediciones Morata, Madrid, 1965.

Soares, P. J. R. *Aspectos Psiquiátricos das Epilepsias*. Psychiatry On-line, Brazil, Novembro 2004.

Saint-Laurent, L. A educação de alunos com necessidades especiais. In: Mantoan, M. T. E. et alii. *A integração de pessoas com deficiência. Contribuições para uma reflexão sobre o tema*. Memnon, SP, 1997.

Schwartzman, J. S. Integração: do que de quem estamos falando? In: Mantoan, M. T. E. et alii. *A integração de pessoas com deficiência. Contribuições para uma reflexão sobre o tema*. Memnon, SP, 1997.

Vigotsky, L. S. *Obras Escogidas*. Tradutor: Julio Guilhermo Blank. Madrid: Rogar, 1997.

Walz, R., Bianchin, M.M., Linhares, M.N., Leite, J.P., Sakamoto, A.C., Epilepsias. In: Kapczinski, F., Quevedo, J. e Izquierdo, I. *Bases biológicas dos transtornos psiquiátricos*.

Werneck, C. *Ninguém mais vai ser bonzinho*. 2ª ed. WVA, RJ, 2000.

Winnicott, D.W. *O brincar e a realidade*. Imago, RJ, 1975.

Winnicott, D. W. *Tudo começa em casa*. Martins Fontes, SP, 1989.

Winnicott, D.W. *Natureza humana*. Imago, RJ, 1990.

Winnicott, D.W. *Holding e interpretação*. Martins Fontes, SP, 1991.

Winnicott, D.W. *Textos selecionados da Pediatria à Psicanálise*. Francisco Alves, RJ, 1993.

Winnicott, D.W. *Explorações psicanalíticas*. Org: Claire Winnicott, Ray Shepherd, Madeleine Davis. Artes Médicas, Porto Alegre, 1994.

# Sobre a Autora

Luciana Chéde é uma jovem mulher que sempre viveu uma série de problemas em sua trajetória de vida, decorrentes de problemas neurológicos: uma epilepsia com crises de ausência. Desde seu nascimento, foi assistida pela sua família e pôde receber diferentes tratamentos que lhe possibilitaram realizar-se como pessoa, dentro dos limites que possuía. Psicologia, fonoaudiologia, terapia ocupacional, psicopedagogia, arteterapia, neurologia e psiquiatria foram as áreas de conhecimento que tiveram participação importante em diferentes momentos de seu desenvolvimento. Ao final do ensino fundamental, é instigada a escrever sua biografia. O trabalho, terminado hoje, nove anos mais tarde, descreve suas inquietações, descobertas, desejos, aspectos da vida pessoal, doenças e muito de seu dia-a-dia. Metáfora de si-mesma, sob seu próprio ponto de vista.